글쓰기, 당신의 초능력 잠금 해제

글쓰기, 당신의 초능력 잠금 해제

초판 1쇄 인쇄 | 2023년 08월 15일
지은이 | 민혜
펴낸이 | 이재욱(필명:이승훈)
펴낸곳 | 해드림출판사
주 소 | 서울 영등포구 경인로82길 3-4(문래동1가 39)
　　　 센터플러스빌딩 1004호(07371)
전 화 | 02-2612-5552
팩 스 | 02-2688-5568
E-mail | jlee5059@hanmail.net

등록번호　제2013-000076
등록일자　2008년 9월 29일

ISBN　979-11-5634-552-7

글쓰기,
당신의 초능력 잠금 해제

민혜 지음

해드림출판사

〈프롤로그〉

　이상한 일이다. 책은 팔리지 않는다는데 글을 쓰려는 이들은 증가하고 있다니 이를 어떻게 해석해야 하는 걸까. 물질만능의 세상에서 돈푼도 되지 않는 글쓰기에 많은 이들이 모여드는 현상을 놓고 이따금 의문을 품곤 했다. 나도 그중의 한 사람이지만 대체 우리는 왜 글을 쓰는 것일까. 저마다의 이유들이 있을 테지만 내 경우엔 인간 삶의 본연적 외로움과 사라져가는 것들에 대한 존재의 허망함을 보상받고자 쓰는 것이 아닌가 싶었다. 한편으론 삶이 고단하고 힘들수록 인간에겐 문학이란 퀘렌시아가 필요하다는 방증인 것 같기도 했다. 사회가 황폐하고 척박할수록 문학(글쓰기)으로 숨어들어 거친 숨을 고르며 미래를 살아갈 힘과 지혜를 도출하기 위해 쓰는 거라면, 글이란 우리가 쓰는 것이 아니라 내재되어 있던 각자의 언어들이 우리를 빌어 자기 하고 싶은 말을 쓰는 것은 아닌가 싶기도 하다.

작년 10월 중순께 해드림(수필 in)출판사 이승훈 대표에게서 연락이 왔다. 글쓰기 초보자들을 위한 글을 써달라는 거였다. 불쑥 들이민 주문이었다. 이제껏 여러 청탁을 받아봤어도 그런 글은 써 본 적이 없었다. 게다가 글에도 실용문을 비롯한 다양한 장르가 있는지라 다소 막연하긴 했지만 나는 일단 수락했다. 다행히 구체적 주문 사항이 없었기에 애초엔 원고 한 편만 달랑 보내드릴 참이었는데 쓰다 보니 할 말이 하나둘씩 떠오르기 시작했다. 두 달간 서른 통의 편지글을 800여 매 썼으니 이틀에 한 편씩 편지를 쓴 셈이다.

이 글을 써나가던 중 나는 뒤늦게야 알았다. 시중엔 이미 출간된 글쓰기에 대한 서적들이 부지기수라는걸. 아무리 시류에 둔감한 처지라 해도 그런 책을 지니고 있지 않은 내가 오히려 이상할 정도였다. 때문에 이 작업을 접을까도 했었으나 내 글은 작법 이론에 치중한 것이 아닌, 30여 년 글 동네의 현장에서 직접 보고 들은 경험을 토대로 하였기에 나만이 말할 수 있는 게 있을 거란 생각이 들었다.

 편지글의 9회분까지는 출판사 블로그에 연재가 됐었는데, 글을 읽은 사람 중에 수신자인 K 씨가 가공의 인물이냐고 묻는 이가 있었다. 굳이 밝히자면 그는 이따금 내게 글쓰기 지도를 받은 적이 있는 사람이다. K 씨 말고도 나를 찾아와 도움을 청한 이들이 몇 분 더 있었다. 그중 K 씨를 대상으로 첫 편지를 썼지만 써나가는 과정에서 K라는 단수의 사람은 그간 나를 찾아왔던 복수로 변하였으니 K란 가공의 존재이다. 그러나 그네들 모두가 글을 쓰고 싶어 하는 공통점을 지녔다는 점에서 하나의 실재적인 인물이라고 할 수 있겠다. 이 글은 작가를 꿈꾸는 사람들뿐 만이 아닌 되도록 많은 이가 글쓰기에 동참했으면 하는 바람에서 글을 쓰지 않는 이들까지 염두에 두며 써나갔다.

 그동안 몇 차례 작은 모임의 초청을 받아 글쓰기 강의를 해

본 적이 있었지만 나는 전문 강사도 아니고 숫기도 부족해 처음엔 마음이 심란했다. 한데 글을 써온 내 경험을 토대로 풀어 가니 어렵지 않게 이야기가 전개되었다. 초보자의 글쓰기 또한 이와 유사할 거라는 게 내 생각이다. 산다는 건 날마다 벌어지는 저마다의 경험과 사연을 쌓아가는 일이고 그에 대한 감회와 생각을 정리해 문자로 풀어내면 글이 되는 걸 테니 말이다. 우린 모두 각기 다른 삶을 살아가고 있으므로 이 세상에 같은 이야기는 있을 수가 없을 것이다.

  예전엔 특별한 사람들이나 글을 썼지만 이즈음엔 수많은 이들이 SNS를 비롯해 브런치나 블로그에 글을 쓰며 살아간다. 글쓰기가 대중화되고 보편화된 것은 발표 매체의 확장과 더불어 현대를 살아가는 사람들이 저마다 그만큼 세상을 향해 할 말이 많다는 증좌일 테다. 니체가 '세상에 육체적 어른은 많아도 정신적 어른이 드문 이유는 그들이 구사하는 언어력의 차이 때문이다.'라고 했듯 성실한 글쓰기는 우리를 점차 정신적 어른으로 성장시키리라 믿는다. 다른 언어를 배우게 되면 그 세계관을 알 수 있다고까지 주장한 이도 있지 않은가. 이렇듯 언어는 인간의 사고에 크나큰 영향을 미치며 인간은 생각하는 것도 언어나 이미지를 통해 형상화하고 그것이 언어를 통해 발화한다고 한다.

많은 이들이 글을 쓰지만 그 동기나 바라는 희망은 개인마다 조금은 다를 것 같다. 글을 모아 자기 이름으로 된 책 한 권 엮어보고 싶은 소박한 소망으로 쓰는 이도 있고, 출판과는 상관없이 가슴에 가득 찬 것이 글로 발산되는 이도 있고, 전문 작가의 야망을 키우며 글쓰기를 하는 이들도 있을 줄로 안다.

그렇더라도 이들의 심저에 공통적으로 깃들어 있는 것은 문화적 욕구라는 이름 아래 자기 삶의 의미 찾기요 홀로는 살 수 없는 존재가 누군가와 닿기를 소망하며 자신을 바라봐 주기를 원하는 것에서 비롯된 말 걸기 일 거라고 본다. 날로 개인주의화 돼가는 비대면의 현대 생활에서 글쓰기는 상대를 마주하지 않고도 대화하는 듯한 연결감을 안겨주니 그 열기는 쉽게 수그러들 것 같지 않다. 스마트폰으로 가볍게 주고받는 단발성의 문자와 글쓰기의 효과를 어찌 비교할 것인가.
 곡진한 마음으로 글을 써 본 사람이라면 알리라. 어느 날 글을 써내리다가 자신이 미처 생각지도 못했던 문장들이 컴퓨터 자판 위에서 타닥타닥 소리를 내며 절로 튀어나오고 있었던 것을. 그때의 기분이란 써 본 자들만이 알 수 있고 공유할 수 있는 은밀하면서도 폭죽 같은 환희라는 것을.
 그동안 내가 주로 써 온 글이 수필이었기에 수필 이야기가 많이 나온 것 같으나 글쓰기의 기본 원리는 크게 다르지 않을 것이다. 이 책을 읽는 분들이 나름대로 창의적 응용을 하며 글쓰기에 작은 도움이라도 된다면, 그리하여 세상과 접속하며 자신의 세계를 확장해갈 수 있다면 필자로서는 더없이 기쁘고 감사한 일이 될 것 같다.

2023년 7월에 민혜

〈목차〉

프롤로그   4

K 씨에게 보내는 글

왜 글을 쓰는가	14
다문다독다상량(多聞多讀多商量)	22
사물에 대한 의미화	30
논픽션과 픽션	38
산문정신에 대하여	45
글쓰기는 자신만의 퀘렌시아다	51
정확한 문장은 정확한 발음과 같다	60
등단 비화	69
메모하는 습관을 기르자	80
문장 고치기	87
글쓰기의 은밀한 즐거움	94
아 다르고 어 다르다	100
같은 소재로 두 가지 글쓰기	107
필력과 작가의 함량	117
글쓰기와 요리하기	125

글쓰기는 예금하기다	**132**
햄릿형과 돈키호테형	**144**
자기표현 욕구	**151**
예술은 힘이 세다	**157**
기록의 즐거움	**164**
유혹하는 글쓰기 1	**173**
유혹하는 글쓰기 2	**181**
글 때문에 울어본 적 있었나요?	**189**
글쓰기도 반려가 된다	**196**
외로워서 쏜다지만	**203**
필사에 대하여	**212**
누구를 위해 쓸 것인가	**218**
무엇을 쓸 것인가	**224**
글이라는 자기 고백	**232**
글쓰기와 춤추기	**239**

부록	**245**

K씨에게 보내는 글

왜 글을 쓰는가

언젠가 당신은 제게 왜 글을 쓰느냐고 물었습니다. 글을 써서 돈은 얼마나 벌었느냐는 원색적 질문도 하셨지요. 그 말에 저는 빙긋 웃기만 했던 기억이 납니다다만 오늘은 그 답을 드리려 합니다. 기실 그 두 가지는 간과할 수 없는 현실적 문제이기도 해서 저는 에두르지 않을 생각입니다.

K 씨도 아시다시피 인간이란 근원적으로 이야기(말)를 좋아하는 존재입니다. 갓난아기들도 일정 시기가 되면 옹알이라는 걸 하잖아요. 엄마의 얼굴을 보면서도 하지만 때론 저 혼자서 천장을 바라보며 무어라고 중얼거립니다. 그러다 재미있다는 듯 웃기도 하지요. 아기가 최초로 말하는 음성언어는 외계어 같아서 알아들을 수 없었어도 아기 스스로 그 상황을 즐기고 있는 것만은 분명해 보였습니다. 아기의 언어는

곧 아기가 그 언어를 통해 자기 존재를 확인하는 것 같기도 하였지요.

'이야기하는 인간'인 호머 나랜스(Homo Narrans)들은 성장하면서 자기가 일상 안에서 느꼈던 소회를 일기로 쓰던지 작문을 통해 생각과 느낌을 표현하려는 욕구를 품게 됩니다. 요즘은 SNS의 확산으로 만인이 작가인 시대가 된 듯한 느낌마저 들더군요. 우리 모두가 젖먹이 시절에 경험했던 옹알이는 제대로 된 언어를 습득하면서 말로 발전하였지만 음성 언어란 입 밖으로 나온 즉시 사라질뿐더러 입에서 입으로 전해지는 동안 그 정확성을 잃고 맙니다. 음성 언어의 한계는 인류로 하여금 문자의 출현을 당길 수밖에 없었을 겁니다.

현대를 살아가는 우리는 휴대폰의 문자를 비롯해 직장의 업무 보고서이든 개인적인 잡문이든 제대로 된 문학이든 누구나 글쓰기를 생활화하며 살아갑니다. 수많은 갑남을녀들이 허구한 날 인터넷을 통해 보도되는 정치 사회문제에 댓글을 올림으로써 단문으로나마 자기 의사를 글로 남깁니다. 하여 K 씨를 비롯한 우리는 모두 나름의 작가가 되고 만 것 같습니다. 단지 프로냐 아마추어냐, 혹은 일시적인가 지속적인가의 차이만 있을 뿐이지요. 그래요, 우리는 이야기(말) 하는 인간이 글 쓰는 인간으로 옮겨가는 세상에서 오늘을 살아가고 있는 겁니다.

그렇다면 짧은 잡문을 제외한 글쓰기 중 모두가 어렵지 않게 시작할 수 있는 것은 어떤 글일까요? 제 생각엔 자신의 일상적 이야기나 관심분야를 풀어내는 글이나 자신의 인생을 담은 수기 혹은 수필 류의 글이 아닐까 싶습니다. 인문학적 소양과 더불어 풍부한 상상력과 문학적 기량 등이 요구되는 소설과 언어를 정제하고 압축하며 상징과 은유로 풀어내는 시 쓰기와 달리, 수필은 일찍이 우리가 초등학교 시절부터 써왔던 작문이나 일기 같은 글의 연장선 성격이 강하기 때문이지요. 하기에 누구나 친숙하고 쓰기 쉬운 글이 수필이면서 누구나 쓴다고 모두가 작품이 되는 건 아닌 것이 또한 수필이 가진 두 얼굴이기도 합니다. 한편, 글이란 그것이 필자의 품을 떠나 활자화를 거치면 독자를 만나게 마련이고, 독자에게 넘어 간 글은 읽은 이들의 보편적 공감을 얻어내야만 확장성과 생명력이 생기는 것이기에 글을 쓸 때는 이런 요소까지 염두에 두어야 자신의 작품이 발전하고 성장할 수 있을 겁니다.

30년이 넘게 수필을 써온 때문이기도 하겠지만 저는 K 씨를 비롯한 주변 지인들에게 글을 써보라는 권유를 입버릇처럼 하는 편입니다. 그럴 때 돌아오는 답은 대체로 "나는 글에 취미도 없고 재주도 없어 못 쓴다."였지요. 그래도 저는 물러서지 않고, 뛰어난 작가가 안되어도 좋으니 써보라고 재차

권합니다. 이건 그저 던져보는 빈말이 아닌, 글을 쓰는 일이 당사자에게 어떤 영향을 끼치는지 누구보다도 잘 알고 있기에 하는 말이었습니다. 제가 겪은 한 가지 사례를 들어볼까 합니다.

등단하기 몇 해 전의 일입니다. 1988년도 1월, 제 남편이 몇 차례의 미역국을 먹은 뒤 운전면허를 따냈던 날 저녁이었습니다. 이날이 오기를 학수고대하던 남편은 귀가 후 저녁을 뜨는 둥 마는 둥 먹고는 저의 만류도 뿌리친 채 시범 운전을 나갔습니다. 그러다가 그만 큰 사고를 일으켰습니다. 시내 한 바퀴를 잘 돌고는 김포가도 대로변 사거리에서 좌회전을 하려고 기다리다가 신호가 바뀌어 핸들을 꺾던 찰나 직진해 오던 택시와 충돌하여 사고가 났던 겁니다. 자정이 가까워 오는 시각 과속으로 달려오던 운전기사는 남편과 함께 중상을 입은 뒤 같은 병원으로 이송되었으나 사망하고 말았습니다. 사망자는 젊은 총각인 데다가 2대 독자라고 하여 제 가슴도 무너지고 찢어졌지요.

가톨릭 신자인 저는 그 길로 죽은 운전기사의 영혼을 위해 위령(慰靈)미사를 청했습니다. 중태였던 남편은 다행히 의식이 돌아왔지만, 교통사고 담당 형사에게 마취가 덜 풀린 상태에서 혼자 취조를 받던 중 유도신문에 잘못 대답하여 본인이 신호위반을 한 것으로 결론이 나버렸습니다. 저의 반대를 무릅쓰고 면허도 따기 전에 성급히 구입해 집 앞에 세워뒀던 승용차는 사고 현장에서 무참하게 파손되어 수습 당시엔 구겨진 종잇장 펴듯 하면서 남편을 끌어냈다고 합니다.

아무튼 그 일로 인해 저의 가정은 졸지에 쑥대밭이 돼 버렸고, 생활비는 물론 이미 폐차된 승용차의 할부금을 비롯해 사망자 가족에게 합의금을 지불해야 하는 막막한 지경이 되고 말았습니다.

사망자 부모는 합의금조로 1억을 요구했습니다. 1억은 지금도 억 소리 날 만큼 큰돈이니 당시로선 더 말할 나위가 없었지요. 한데 우리 형편이라는 게 비축했던 돈도 없이 매달 빠듯이 살아가던 터라 그 암담함이란 이루 형언할 수가 없었습니다. 인명 사고이기에 남편은 얼마간 치료를 받은 뒤 구치소에 수감되었고, 저는 난생처음 변호사를 선임하랴, 유가족에게 치를 합의금을 마련하랴 발바닥에 불이 나고 눈앞은 캄캄하기만 했습니다.

고민 끝에 어느 날 저는 백지를 꺼내놓고 입으로는 도저히 전할 수 없는 말을 편지로 적어 변호사와 사망자 부모님에게 각각 보냈습니다. 유족 측을 만나는 일도 두려워서 엄두가 안 났지만 용기를 내어 연락해 봐도 그들은 슬픔과 충격이 극에 달해 협박과 저주의 말만 퍼부을 뿐 제 말을 들으려 하지 않았기 때문이었지요.

 편지의 내용은 사고로 인해 아픔을 겪고 있을 가족에게 깊은 사죄와 위로의 뜻을 전한 거였습니다. 덧붙여서 사람의 목숨 값을 어찌 돈으로 환산할 수 있겠을까만, 1억을 보낸들 죽은 이가 다시 돌아올 수 있겠을까만, 저희 가정 형편이 어려워 도저히 그 돈을 마련할 수 없으니 염치없지만 금액을 줄여주면 평생 그 은혜를 잊지 않고 열심히 살아가겠다는 요지로 적어나간 글이었지요.

 그러자 며칠 후 예기치 못한 일들이 일어났습니다. 변호사 사무실 사무장으로부터 수임료를 절반으로 깎아주겠다는 전화가 걸려왔고, 더 놀라운 건 사망자의 부모님으로부터 합의금을 억만금 준다 해도 용서하지 않으려 했으나 저의 편지를 읽은 뒤 마음이 움직여 제 남편에 대한 원망을 거두려는 마음을 갖게 됐다면서 합의금은 백만 원만 보내라는 답을 보내온 거였습니다. 큰 기대를 하지 못했던 터라 저는 놀라움과 고마움에 눈시울이 젖고 가슴이 떨렸습니다. 종잇장 위에 볼펜으로 꾹꾹 눌러썼던 두어 장의 손편지가 이런 기적 같은 일을 가져오다니요. 두말할 것도 없이 이것이 바로 글의 힘, 제 진심을 담아 보냈던 편지글의 위력이었던 겁니다.

 얼마 전 저는 수필가들 모임에서 특강을 하다가 이 얘기를 들려주었습니다. 그러자 한 분이 저더러 글(편지)을 써서 1

억을 벌었다고 하더군요, 수필집이 잘 팔리지 않는 시대라며 의기소침했던 저는 그 말에 공감의 큰 웃음을 터뜨렸습니다.

글을 써 본 사람들이라면 알 것입니다. 글을 쓴다는 건, 특히 생활문이나 수필을 쓴다는 건 누구보다도 우선 필자 자신을 유익하게 합니다. 글을 적어나가는 동안 자신을 보다 깊이 만날 수 있고 거기에서 자기 치유가 일어나며 또한 삶을 기록해두는 것으로서 자기 인생이 보다 정확히 기억되고 정리되는 것을 경험하게 됩니다. 그뿐만 아니라 자기의 생각과 감정을 글로 써나가며 문장을 다듬고 적확한 단어를 찾는 과정을 통해 사고가 명료해집니다. 글이 점차 유연하고 명확해지는 것도 덤으로 따라오는 선물이지요. 한편, 필자를 치유한 글이 활자화되면 그 영향력은 작가 한 사람에게만 머물지 않습니다. 그 글을 읽은 독자에게 공감을 일으키고 더 나아가 사회를 정화하는 데까지 파장이 번지기도 합니다. 이거야말로 글을 쓰는 이들에겐 큰 의미이자 보람일 것입니다. 물신주의가 팽배한 오늘날에도 수많은 사람들이 돈도 되지 않는 글을 포기하지 않고 계속 쓰고 있는 것은 이런 데서 이유를 찾을 수 있지 않을까요?

좋은 글이란 유려한 문장력으로만 이루어지는 게 아니라 글의 진실성이 선제되어야 합니다. 그런 이유로 좋은 글이란 우선 삶을 통과하여 육화된 내용을 담아내는 글이 아닐까 싶습니다.

　상허(尙虛) 이태준 선생은 수필을 쓰려면 자기 풍부(豊富)와 자기의 미(美)가 있어야 한다고 하셨지만 저는 이 말을 역으로 바꿔보고 싶군요. 수필을 쓰다 보면 알게 모르게 자기 풍부와 자기의 미를 지니게 된다고 말입니다. 자기 풍부란 자양분이 될 만한 책을 찾아 읽음으로 이룰 수 있고 이런 것이 축적되면 자기의 미는 절로 우러나게 되겠지요. 아울러 글쓰기 수련을 하게 되면 이런 요소들이 더욱 구체화되며 작가의 인생을 풍요롭게 할 것입니다.

　이제는 K 씨도 제가 왜 글을 쓰는지를 이해하셨겠지요. 그렇다면 당신도 오늘, 아니 바로 지금, 몇 줄의 글이라도 써보면 어떨는지요. 어느 날의 단상이든 제 편지에 대한 독후감이든 상관없습니다. 천 리 길도 한 걸음부터라고 몇 줄의 글을 쓰는 것만으로도 작가의 첫걸음을 내딛는 게 될 테니까요.

* 오늘의 제언: 무슨 글이든 일단 짧게라도 시작해 보자.

다문다독다상량(多聞多讀多商量)

 가을이 깊어가는군요. 보내주신 원고 잘 읽었습니다. 우선 첫걸음을 내디디신 용기에 응원의 박수를 보냅니다. 연전에 남편과 사별한 사연을 보내오셨는데 소재 선택을 잘 하신 것 같았습니다. 인상적인 사건이나 가까운 사물에 대한 것부터 적어보는 게 글쓰기에 용이할 수 있으니까요. 저 역시도 같은 아픔을 겪었기에 동병상련의 감회에 젖어 읽었답니다.

 무엇보다도 초보자의 글이 16매나 된다는 건 대단한 능력이라고 여겨집니다. 이야기를 끌어가는 힘도 좋았어요. 첫 작품이니 만큼 몇 가지 지적하고 싶은 점이 눈에 띄긴 했지만 이런 것은 누구나 겪게 되는 과정이니 무겁게 받아들이지 않으시기를. 호평이나 혹평에 일희일비하지 않는 뚝심이 글쓰기에도 도움이 된답니다. 이는 제가 초보 시절부터 가슴에 새긴 다짐이기도 했습니다.

저는 이번에 보내주신 글에서 문장의 오류나 단어 선택의 문제점보다 생각을 전달하는 필자의 감정에 여과 장치가 전혀 없었다는 점에 더 주목했어요. 숨도 안 죽은 배추로 담근 김치를 먹는 것 같았다고나 할까요. 하여 비슷한 내용을 다뤘던 제 글을 참고삼아 읽어보시는 것도 작은 도움이 되지 않을까 싶었습니다. 제 작품집에 나오는 〈마늘 까던 남자〉는 님과 마찬가지로 남편의 죽음을 다뤘으면서도 몇 가지 대조를 이루고 있기 때문이지요. 참고로 말씀드리자면 이 글은 제가 눈물깨나 흘려가며 썼던 작품입니다. 하지만 감정의 과잉과 질척거림을 피하기 위해 글을 쓰는 도중에 의식적으로 가슴을 냉각시켜가며 썼던 글이었지요. 그 글의 도입부는 이렇게 건조하게 시작됩니다.

'언젠가부터 마늘을 까는 일은 그 남자의 몫이 되었다. 퇴직하고 하릴없이 늙어가는 터수에 남자가 마늘 좀 깠기로서니 유난 떨 일은 아닐 것이다'

그다음에 쓴 게 〈비아그라 두 알〉이고 사별 후 2개월쯤 지나서 쓴 작품입니다. 물론 이 글 역시도 〈마늘 까던 남자〉를 쓸 때와 마찬가지로 축축한 눈매로 써 내렸지요. 처음엔 마음 다잡고 써나갔지만 도중에 가슴이 뻐근하고 눈시울이 젖어오기 시작했습니다. 저는 그렇게 울면서라도 글을 쓸 수 있었기에 애도의 늪에서 비교적 빨리 벗어날 수 있었던 것 같습니다. 눈물이 제 아픔을 덜어내 준 모양입니다. 이 얼마나 다행스러운 일이었는지요. 기억해 주기를, 지난번에 말씀드린, 글쓰기에는 치유의 기능이 있다는 사실을.

 아직은 사별의 아픔이 진정되지 않았을 님의 입장에서는 자신의 감정을 원색적으로 내쏟는 글을 쓰는 것도 필요합니다. 다만 그런 글은 되도록이면 발표용이 아닌 혼자만 간직하는 글이 되는 게 좋지 않을까 싶어 말씀드린 거랍니다. 수필은 일기와는 접근 방법이 달라야 할 테니까요.

 오늘은 2022년도 노벨 문학 수상 작가인 '아니 에르노'의 이야기를 잠깐 해볼까 합니다. 저는 오래전에 그녀의 소설 〈단순한 열정〉을 읽은 적이 있었는데, 서점에 들렀다가 작가에 대한 별 정보도 없이 단지 번역가가 유명인이어서 무조건 사들고 왔던 기억이 납니다. 82세라는 고령으로 노벨상의 영광을 안은 그녀는 "직접 체험하지 않은 허구는 쓴 적이 없고 앞으로도 그럴 것이다."라는 말을 했다고 합니다. 이 말은 소설이란 이름으로 발표했지만 논픽션의 요소가 바탕이 됐다는 의미겠지요. 수필을 쓰는 저로서는 논픽션 적이란 게 왠지 반가

왔습니다. 한림원의 관계자는 그녀의 소설이 "좁은 의미의 허구를 넘어 문학의 경계를 넓히는 야심적인 기억 프로젝트를 선보였다."라고 소개했지요. 이 기사를 읽으며 저 자신을 비롯한 모든 수필가들이 작품의 외연을 새롭게 넓히는 기폭제가 되기를 바라는 마음이 간절해지더군요.

〈단순한 열정〉은 연하 유부남과의 사랑을 그리면서도 임상적 해부에 버금가는 칼 같은 글쓰기에 가까운 철저하게 객관화 된 시선을 유지하며 사랑의 치열성과 열정을 진단했다는 평이 따르기도 했는데, 수필은 소설과 다른 장르임에도 불구하고 저는 수필을 쓰는 우리가 참고하며 받아들여야 할 점이 있다고 보았습니다.

자랑 같아 쑥스럽긴 하지만 〈마늘 까던 남자〉는 제 작품 중에 가장 많은 관심을 받았던 글이 아닌가 싶습니다. 발표 당시 독자들의 이메일도 꽤나 받았고 평론가들도 호평을 했던 글이었으니까요. 아니 에르노의 보도를 읽다가 보니 저 역시도 그 글을 쓸 때 가급적 객관화된 시선을 유지하려 노력하며 써나갔던 것 같습니다.

문학 작품엔 독자의 몫이라는 게 있어 작가가 할 말을 다 쏟아버리면 독자가 느껴야 할 여운이 그만큼 감소되기 마련입니다. 때문에 저는 K 씨에게 드리는 편지글의 서두에서 문장의 오류 문제에 앞서 감정의 절제부터 당부했던 것입니다.

감정이 다스려지지 않으면 과도한 수식어가 따라붙어 문장이 난삽해지기도 하는 문제가 따르지요. 우리가 대화 중에 많은 말을 쏟는다고 해서 그 말이 다 상대에게 먹히는 게 아니듯 글도 마찬가지입니다.

저에게 글을 보내오는 초보 작가의 글에서 흔히 발견되는 게 문장이 대체로 길다는 점이었어요. 그러다 보면 자칫 문장이 꼬이고 주어와 술어의 연결이 어긋나 필자의 의도를 파악하기 힘들더군요. 그 점을 지목하면 상대방은 서술한 내용을 일일이 설명하며 작가라는 사람이 문장을 이해하지 못하다니, 하며 실망하는 눈치였습니다. 그러면 저는 이렇게 응수했습니다. 글은 글로써만 말하고 이해되어야 한다고.

요즘은 글을 쓰고 싶어 하는 분들이 늘어나 글쓰기에 대한 참고 서적도 많고 인터넷에서도 정보를 쉽게 찾아볼 수 있게 됐다지요. 한데 이론을 많이 알고 있다고 하여 반드시 좋은 글이 탄생되는 것은 아닌 듯싶습니다. 중국의 구양수(歐陽脩)가 글을 잘 짓는 세 가지 비결로써 말했다는 다문다독다상량(多聞多讀多商量 많이 듣고, 많이 읽고, 많이 생각함)은 시대와 관계없이 글 쓰려는 사람들이 새겨야 할 금과옥조(金科玉條)입니다. '듣기'와 '읽기'를 같은 항목에 넣는다면 많이 읽고, 많이 생각하고 많이 쓰라는 의미가 되겠지요.

먼저 번에 말씀드린 것처럼 무슨 소재로든 늘 꾸준히 써보시길 권합니다. 글쓰기가 어려울 땐 짧은 글짓기를 해보는 것도 도움이 되더군요. 손가락조차 놀리기 귀찮으면 벌렁 누워 그냥 아무 단어나 하나 골라잡아 그것을 마중물 삼아 입말로 시도해도 괜찮습니다.

저는 오래전에 정신건강의학과 환자들의 재활 치료를 돕는 낮 병원(Day Hospital) 프로그램의 문예치료를 맡아 7년간 근무한 적이 있었습니다. 우리나라에 낮 병원 제도가 처음 도입됐던 무렵이었지요. 시작 무렵엔 '문예치료'라는 말만 듣고도 환자들이 거부반응을 보였으나 시간이 흐르며 가장 좋아하는 프로그램의 하나가 되어 보람을 느꼈던 적이 있었습니다. 그때 시도해 본 것이 짧은 글 짓기였습니다. 어떤 성미 까다로운 여성 환자는 자긴 작가가 될 것도 아닌데 왜 문예 치료를 하느냐며 따졌는데, 저는 대답 대신 지난번 편지에 썼던 제 남편의 교통사고 에피소드를 슬며시 환자들에게 들려주었지요. 글을 쓰는 건 작가가 되기 위해서도 필요하지만, 그보다 먼저 어떤 일이 벌어질지 한 치 앞을 모르는 인생을 살아가는 데에도 도움이 된다는 제 생각을 피력하며 첫 시간을 보냈습니다. 글쓰기는 환자들의 대인관계나 의사와 면담 치료를 할 때 표현하기 어려웠던 자신의 마음 상태를 잘 설명하는 것에도 도움이 될 것이란 말도 곁들이면서요.

그제야 그녀는 이해가 간다는 듯한 표정으로 바뀌더군요.

하루는 환자들에게 '기분'이란 단어로 짧은 글을 지어 입말로만 말해보자고 했습니다. 종이를 내밀면 부담스러워할 것 같아 말로 해보자고 한 거였지요. 짧은 글 짓기는 초등학교 시절부터 해 본 거라 그런지 환자들의 표정이 누그러지는 걸 알 수 있었습니다. 다행히 모두들 어렵지 않게 문장을 만들었는데, 그중 '나는 기분이 나쁘다'라는 식의 단순한 글짓기를 한 청년에겐 기분이 왜 나쁜지, 어떻게 나쁜지를 설명하면 더 좋겠다는 의견을 건넸습니다. 그러자 그는 즉시 '나는 아버지 때문에 기분이 나쁘다'라는 짧은 글을 짓더군요.

예고 없이 진행됐던 짧은 글짓기지만 거기엔 은연중에 자신의 기분이나 감정이 드러나게 마련이어서 환자들이 쓴 글은 그대로 그 환자의 상태를 파악하는데 도움이 되었습니다. 또한 그 일을 계기로 그 청년과 대화를 나눌 기회가 많아져 나중엔 우리 두 사람이 사이코드라마까지 출연했답니다. 당시 그는 S 의대를 휴학하고 내원 중이었는데 그의 아버지 역할을 맡았던 일은 제 인생의 중대한 사건이기도 했습니다. 무대공포증이 있는 제가 배우가 돼보다니요!

어느 날인가는 삶을 비관하는 이웃 환자에게 나환자 시인 한하운의 시 몇 편을 보여주었습니다. 그녀는 한하운 시인을 모르는 것 같았고, 환자 생활을 오래 하여 표현이 적고 감정이 굳어 있는 편인데도 '보리피리' '전라도 길' '파랑새' 등을 감상하게 한 후 느낌을 물었더니, 이런 말을 하는 거였습니다. 시의 구절 중에서, '신을 벗으면 / 버드나무 밑에서 지까다비를 벗으면 / 발가락이 또 한 개 없어졌다.'를 읽을 때 자기가 이 문둥이 시인보다는 덜 불행한 거 같았다고요. 참고로 '지까다비'란 노동자의 작업화를 말합니다.

  인간의 불행과 고통은 그것을 글로 적었을 때 고통 중에 있는 다른 이들을 치유하고 위로를 안기기도 하지요.

  오늘의 편지를 마치며 당부합니다. 이번에 쓰신 글을 퇴고해보시기를. 아까 말씀드린 몇 가지를 염두에 두면서요. 퇴고를 거듭하다 보면 해상도가 흐렸던 글의 화질이 선명해지는 것과 원석 같던 글이 점차 원하는 작품으로 세공 돼가는 즐거움을 누리게 될 순간도 맞게 될 것입니다. 그러면 저는 답례로 일본 소설 〈우동 한 그릇〉에 얽힌 제 에피소드 한 자락을 들려드리겠어요.

> * 오늘의 제언: 다문다독다상량(多聞多讀多商量)을 생활 속에서 실천해 보기.

사물에 대한 의미화

 감동입니다! 생각보다 글을 빨리 보내오셨네요. 덩달아 제 마음도 바빠져 답신 쓸 일이 살짝 부담 되었지만 님의 열정이 느껴져 흐뭇하기도 했습니다. 제 성격이 좀 급한 데다가 미적지근한 걸 좋아하지 않는 편이라 반가움이 더 컸던가 봅니다.
 각설하고, 일단 처음 썼던 글 속의 긴 문장들을 두세 토막으로 나눠 본 시도는 성공적입니다. 문장을 쪼개 봐도 아직 어색한 부분이 남아 있긴 했으나 읽기가 수월해진 느낌은 분명히 들었어요. 마치 먼저 글이 상추쌈 한 장 안에 너무 많은 걸 넣어 먹기가 힘들었다면, 이번 글은 모든 문장이 한입으로 쏙쏙 들어가는 듯했으니까요. 유념하십시오. 한 문장에 많은 걸 담으려 하지 말 것. 초보는 특히 이 점에 신경 쓸 것.

많은 것을 담다가는 망하기 십상이라는 것을.

 배우자와 사별한지 반년 정도가 흘렀다면 아직은 감정의 조절이 쉽지 않을 수 있을 겁니다. 때문에 글에서도 날 감정이 그대로 발산됐을 거예요. 누구에게든 글을 쓰기에 좋은 시간은 몸 건강은 물론 마음도 평안하여 정신이 맑을 때입니다. 슬픔이든 분노이든 감정이 격해 있을 땐 투명한 의식이 될 때까지 기다리는 게 좋다는 말이지요. 평정심을 찾기까지의 시간은 개인차가 있을 테니 스스로 판단하시기를 바랍니다.

 심적 여유가 생길 때까지 쓰는 일을 보류하는 게 바람직하겠지만 한편으론 집필로 마음을 다스려보는 것도 하나의 길이 되지 않을까 싶군요. 저는 후자 쪽을 택한 편이었지요. 기왕에 작가의 꿈을 품으셨다면 부담이 적은 소재로 바꿔 글을 써보는 것도 좋을 것입니다.

 먼저 편지에서 제가 〈비아그라 두 알〉이란 글을 쓴 게 남편이 떠난 지 2개월여 되었을 때라고 했지요. 그 얘기를 하면 일부 작가들은 어떻게 그리 빨리 글을 쓸 수 있었냐고 묻기도 합니다. 제 생각으론 죽음에 대해 일찍부터 천착해온 때문이 아닐까 싶더군요. 이 또한 저의 급한 성정 때문일 수도 있겠는데, 저는 서른 무렵부터 죽음 문제를 생각했어요. 비교적 이른 나이에 이 문제를 정시하려 한 것은 죽음이 너무나 두려웠기 때문이었습니다. 그런 과정에서 축적됐을 죽음에 대한 다상량(多商量)이 저로 하여금 사별의 우울 속에서도 글을 쓸 수 있는 여유를 가져다준 게 아니었나 싶은 거지요.

저는 성격이 소심하고 겁이 많음에도 극단의 상황에선 자신을 억누르고 두렵게 하는 것을 피하지 않고 맞짱 뜨려는 의외성도 있어 이 점을 스스로 흥미로워 한답니다. 남편의 교통사고 사태를 수습할 때도 지인들이 운수회사에 동행해 주겠다고 하는 걸 마다하고 그야말로 무소의 뿔처럼 혼자 갔습니다. 남편이 누워 있는 병원으로 운전기사들 여남은 명이 찾아와 으름장을 놓았을 때도 저만치 자리를 옮겨 혼자 그들을 상대했고 말입니다.

아직 담담해진 입장이 아니라면, 그럼에도 불구하고 뭔가를 써야겠다는 마음이 생긴다면 간단한 일상이나 주변 사물에 대한 스케치를 해보는 건 어떨는지요? 계절과 관계된 사물을 소재로 해도 좋을 것 같습니다. 제가 처음 써 본 글의 제목이 〈늙은 호박〉이었는데, 그게 늦가을에 쓴 거였거든요. 글쓰기를 배워보겠다고 동아일보사 문화센터에 등록하고 강의실에 갔더니 지도 교수님이 글 한 편씩을 써오라고 하셨습니다. 글(수필)을 한 번도 써 본 적이 없었기에 저는 뭘 쓸까 고민하다가 얼마 전에 사 왔던 늙은 호박에 대한 것을 쓰기로 했습니다. 그리고는 원고지 13매(저는 원고지 세대입니다)를 거뜬하게 채울 수 있었지요. 그건 제가 대단해서가 아니라, 그 즈음의 어느 날 아는 신부님께 문안 편지를 쓰다가 늙은 호박 얘기를 썼던 일이 있었기 때문이었습니다.

 신부님께 편지를 쓰던 그날, 저는 서두에 인사말을 몇 줄 쓰고는 저도 모르게 늙은 호박을 바라보았습니다. 실은 그 며칠 전부터도 계속 호박을 바라보곤 했었는데 편지에다 호박을 보며 느꼈던 소감을 그대로 풀어놓곤 마무리 인사로 끝을 맺었지요. 저는 편지글에서 늙은 호박 부분만을 따내어 한 편의 수필로 썼기에 어렵지 않게 끝낼 수가 있었던 겁니다. 기쁘게도 지도 교수님은 그 글을 매우 호평해 주셨어요. 사물을 보는 눈이 수필적이라는 거였습니다. 그래서 저는 교수님께 수필적이란 게 뭐냐고 질문했습니다. 그때 교수님의 대답을 간추리면 다음과 같습니다.

 '좋은 수필을 쓰기 위해선 사물을 관조할 수 있어야 한다. 평소에 무심하게 보던 사물도 깊이 통찰하면 거기에서 글감이 떠오르고 풀려나온다. 그것을 의미화하고 자기화하면 한 편의 수필이 탄생된다.'

 '관조'니 '의미화'니 '자기화'니 하는 식의 단어가 생소하긴 했지만 제 글과 연관 지어 보니 무슨 의미인지 알 것 같았습니다. 저의 처녀작 〈늙은 호박〉은 이렇게 시작됩니다.

'며칠 전 나는 동네 할머니에게서 늙은 호박 한 덩이를 사들고 왔다. 호박죽을 쑤려고 사 온 것인데 웬일로 선뜻 칼을 댈 수 없었다. 내 눈엔 그 늙은 호박이 잘 빚어진 도자기로 보였기 때문이었다. 그러다 어느 날인가는 안존한 모습의 노(老)마님으로 보이는 거였다.'

이렇게 풀어간 글은, 장차 내가 나이 들어 할머니가 되었을 때 저 늙은 호박만큼의 모습을 지닐 수 있을 것인가로 전개되다가, 호박죽을 만들려고 호박을 쪼개는 사연으로 바뀐 다음, 말미 부분에선 속이 텅 빈 호박을 바라보며 와닿았던 감정을 서술하는 것으로 끝나지요. 요약하자면, 늙은 호박을 보며 처음엔 호박의 외양이 풍기는 멋과 품위에 관심이 쏠렸지만 쪼개놓고 보니 늙은 호박의 품격은 결국 자기를 비워내는 과정에서 이뤄진 거라는 깨달음으로 마무리한 글이었습니다.

칭찬은 고래도 춤을 추게 한다고, 저는 첫 글의 성공(?)에 신이 났습니다. 그날로부터 사물의 '관조' '의미화' '자기화'를 가슴에 새겼습니다. 일반적으로 처음 글을 쓰는 분들은 개인의 신변사를 소재로 많이 택하는데, 저는 사물에 대한 글을 시도한 편이었습니다. 그래 선가 제 등단 작품도 '된장'을 소재로 한 〈五德 마님〉이란 글이었지요. 이제 보니 늙은 호박도 그렇고, 오덕 마님 역시도 잘 늙어가며 살아야겠다는 중년의 제 마음이 투영된 글이 아니었나 여겨집니다.

저는 원고지 세대라서 초기의 글들은 거의 사라졌어요. 당시 창작수필지엔 등단 전이어도 우수한 글을 실어주는 코너가 있어 제 글도 몇 편 실렸었지만 책을 정리해버린 바람에 하나도 남아 있질 않습니다. 그럼에도 내용을 선명하게 기억하는 건 호박을 바라보며 많은 생각을 했고, 그 생각을 신부님께 보내는 편지에 쓴데다가 다시 수필로 완성했으니 깊게 각인돼 있는 거지요.

혹시라도 님께서 저처럼 글을 통해 마음을 다스리고 싶은 생각이 들거든 가까운 주변 사물이나 집안의 소품을 소재로도 써보십시오. 지금 커피를 마시고 있다면 커피에 얽힌 일을 끄집어내 보는 것도 좋겠지요. 커피, 하고 입속으로 뇌는 순간 그 하나의 단어에서도 다양한 사연들이 따라 올라올 겁니다. 이렇듯 풀어내기 쉬운 것, 익숙한 것부터 해보자는 거지요. 현재 보이는 풍경이나 순간을 짧은 글로 묘사해 보며 잠깐씩 글 놀이를 해보는 것도 좋을 겁니다. 티끌 모아 태산이라고 이 또한 내공을 쌓는데 일조할 테니까요. 동네를 거닐다가 길바닥에 쭈그리고 앉아 야채 행상을 하며 쪽파를 다듬고 있는 할머니의 모습을 보며 떠오른 소감 같은 것도 괜찮겠군요. 사물이나 풍경, 더 나아가 주변 인물들에 대한 관찰과 관심을 지니는 가운데 문학과의 친교도 확장될 것입니다.

 '문학'이란 말을 하고 나니 거창한 느낌이 들기도 하고, 문학의 효용가치가 과연 무엇인가라는 원초적 질문에 맞닥뜨릴 수도 있겠으나, 아래의 글을 읽어보시면 또 다른 느낌이 드실 줄로 압니다. 이 글귀는 오늘 아침에 저의 예전 메모장을 들췄다가 발견한 내용입니다. 누구의 말이었는지, 어느 책에서 읽은 건지는 모르겠지만 함께 나누고 싶어 옮겨봅니다.

 '언어란 고독한 개체로서 이 세계에 존재하게 된 인간과 세계, 그리고 타인 사이에 의미 있는 관계를 만들어 줌으로써 고독을 해소하고 연대감으로써 안정감을 가질 수 있게 하는 최선의 기능이다. 문학이란 그러한 언어가 최상으로 세련된 형식인 것이다.
 (중략)
 우주는 네가 알고 있는 언어의 크기만큼 네 앞에 열리며 자기 모습을 보여주고 네 행복감은 그 우주의 크기만큼 커지는 것이다. 할 수만 있다면 우주의 근원인 하느님을 볼 수 있을 만큼 네 언어가 정제된 것이게 하라. 최고의 행복이 너의 것이 되리라.'

 추신: 아 참, 한 가지 양해를 구할 게 있네요. 먼저 편지에

서 〈우동 한 그릇〉 얘기를 하겠다고 했었는데 오늘 답신이 영 다른 방향으로 흘렀습니다. 제 편지라는 것이 그날의 기분대로 써지기에 이리 된 것 같아요.

* 오늘의 제언: 언어란 고독한 개체에게 세계와 타인 사이에 의미 있는 관계를 만들어 줌으로써 고독을 해소하고 연대감으로써 안정감을 가질 수 있게 하는 최선의 '기능'이라는 말의 의미를 되새겨 보자.

논픽션과 픽션

손가락 사이로 물이 빠져나가듯 시간은 정말 잘도 가는군요. 곳간 안에 열두 달이 그득했던 올 한 해가 어느덧 10월의 마지막을 치닫고 있으니 말입니다. 오늘은 지난번에 깜빡했던 〈우동 한 그릇〉 얘기부터 시작해야겠습니다. 그 얘기를 하고 싶었던 것엔 중요한 이유가 있었거든요.

제가 그 작품을 알게 된 게 언제였는지는 모르겠는데 등단 전후인 1992년도 무렵일 것만은 분명합니다. 왜냐면 그 글이 수기나 수필 같은 체험의 문학으로 알고 있다가 픽션이란 사실을 알고 무척 실망했으니까요. 그때 저는, 마음 깊이 신뢰하던 친구에게 배신이라도 당한 듯한 기분이 들었답니다.

아시다시피 그 작품은 '구리 료헤이'의 단편소설입니다. 1989년 처음 소개되었다고 하지요. 북해정이라는 우동 가게에 허름한 행색의 여인이 두 아들과 같이 와서 우동 일 인분을 시킵니다. 식당 주인은 이들의 궁색한 형편을 눈치 채곤 몰래 1.5인분을 담아 그들을 배려하는 것으로 이야기가 시작됩니다. 남은 이야기는 생략할게요. 이 유명한 소설을 아직 안 읽으셨다면 이제라도 검색 창을 두드려보십시오. 나머지 스토리를 알게 될 것입니다. 우린 모두가 도깨비방망이를 하나씩 지니고 살아가니까요.

 글을 읽고 감동했으면 됐지 그게 소설이든 수필이든 무슨 상관이라고 저는 그리도 실망을 했던 걸까요. 알고 보면 소설이라는 것도 완전한 허구는 드물 것일 텐데 왜 그리 허탈감을 느꼈는지는 지금도 잘 모르겠습니다. 하지만 어떤 감동적 이야기를 사람들에게 들려주면 상대방은 곧잘 "진짜야?"라고 물어오더군요. 인간은 알게 모르게 허구보다는 실재하는 진실에 더 흥미를 느끼며 비중을 두고 싶어 하는 지도 모를 일입니다. 어떤 미인을 보고 반했다가 그 미모가 성형발이란 걸 알게 되면 일반적으로 사람들은 실망하잖아요.

 수필은 허구의 문학이 아니기에 등단 무렵의 저는 결벽증 같은 게 있었던 것 같습니다. 사실에 입각해서 쓰려다 보니 때로는 기억이 아리송해 정확한 기억을 캐내려고 머릿속에 호미질을 해댄 적이 있었는가 하면, 어떤 때는 픽션 적인 걸 가미하고자 하는 저를 의식하며 마음이 불편해지는 적도 있었으니까요. 그럼에도 제 등단작인 〈오덕 마님〉엔 한 가지 거짓말(?)이 들어 있습니다. 그 글 중에는 된장 담글 항아리에 넣을 숯을 만들기 위해 나무토막을 태워 숯을 만드는 장면이 나옵니다. 숯을 못 구해서였는데, 생전 처음 담가보는 된장의 구색을 맞추느라 그랬던 거지요. 그때 제가 태운 나무는 흔해빠진 일반 각목이었습니다. 하지만 발표된 책에는 참나무를 구해다가 참숯을 만들었다고 쓰여 있습니다. 그건 제 뜻이 아니라 지도 교수님이 그 부분만 손보신 거였어요. 저는 제가 썼던 것과 달라서 마음이 찜찜했는데, 교수님은 참나무로 만들었다고 해야 글의 분위기가 산다는 거였습니다. 그러면서 이런 요지의 말씀을 하셨습니다.

'수필에 대한 담론을 할 때 '수필의 허구성' 허용 범위를 놓고 의견이 갈린다. 한 치의 허구도 용납해선 안 된다는 측과, 수필도 문학인만큼 문학성을 살리기 위한 어느 정도의 허구는 수용돼야 한다는 의견이 있다. 그런데 나는 후자 쪽에 동의한다.'

이 문제는 예나 지금이나 의견이 갈리고 있으나 저는 허구 수용 불가의 입장이었습니다. '허구를 쓸 거면 소설을 쓰지 왜 수필이냐?'는 생각을 지울 수가 없었던 거지요. 우동 한 그릇이 준 영향이었을 겁니다. 한데 이랬던 제가 시나브로 약간의 허구 수용론자로 바뀌고 말았습니다. 작가가 아무리 사실에 입각해서만 쓰려 해도 사람의 기억이란 부정확하고 재구성되기도 하는 거기에 때론 허구가 어쩔 수 없이 나오게 마련이란 생각 때문이었지요. 그렇더라도 정도의 문제는 있어야 할 것입니다. 진실을 외면한 허구는 추호도 허용해선 안 되겠지요.

 몇 해 전, 저는 어느 분의 글을 읽고 언짢았던 적이 있었습니다. 저와 관련된 글을 썼는데, 어느 결혼식장에서 저와 우연히 상봉했다는, 사실이 아닌 사연을 써놨기 때문이었지요. 뿐만 아니라 그 글에 나오는 내용 중, 제가 그에게 책을 준 것은 실제 있었던 일이었지만 책 이름은 전혀 달랐습니다. 그는 저에게서 '하이네 시집'을 받았다고 썼는데 제가 준 건 '떼이아르 드 샤르뎅'의 사상 입문서였으니까요. 그게 벌써 수십 년 전 일이다 보니 책 이름의 오류 정도는 넘어갈 수 있는 일입니다. 하지만 그 글이 소설이 아닌 수필로 발표한 것이었기에 결혼식장 사건처럼 없는 일을 꾸며댄 건 납득이 가질 않았습니다. 픽션이 들어간 부분을 상상으로 처리한 것도 아니었으니 말이지요. 그나마 다행인 건 글 속에 제 이름을 명시한 것은 아니란 거였습니다.

 이 사연의 예를 들어 수필의 허구 수용 범위 문제를 생각해

볼까 합니다. 위에서 언급했듯 인간의 기억이란 때로 정확하지 않아서 어쩔 수 없는 허구는 용인될 수밖에 없지만, 그와 달리 어떤 사건의 유무, 가령 어느 해에 A와 B가 예기치 못한 장소에서 상봉한 적이 없었음에도 A가 B를 만났다는 거짓을 꾸며대며 구체적인 묘사까지 곁들였다면 이건 명백히 독자를 속이는 행위가 될 것입니다.

  작가들이란 일반인에 비해 상상력이 발달했기에 허구를 풀어놓고 싶은 유혹이 간혹 생기기도 합니다. 또한 수필도 문학인지라 부도덕과 결부된 게 아니라면 인정해야 한다는 의견도 여전합니다. 허구는 진실을 담기 위한 도구일 뿐 아니라 독자들이란 글에서 재미와 감동을 요구하기 때문에 수용해야 한다는 것이지요. 그럼에도 저는 원칙적으론 허구 수용에 반대하는 입장입니다. 허구를 받아들이다 보면 그것에 익숙해지기 쉽고 수필의 고유한 정체성에도 문제가 따르기 때문이지요.

  독자들은 수필 같은 논픽션을 읽을 때 내용이 모두 사실이라고 여기며 읽습니다. 그렇기에 허구의 남발은 독자를 기만하는 일이라는 겁니다. 부득이한 기억의 착오나 저의 글 오덕 마님의 참숯 정도는 봐줄 수 있겠지만요.

  님께서도 글을 쓰다 보면 언젠가 이런 상황을 겪게 될 것입니다. 선택은 자유이겠으나 신중히 생각해 보라는 말을 하고 싶군요. 만약 누군가가 쓴 수기를 감동적으로 읽고 눈물까지 흘렸는데 나중에 알고 보니 꾸며댄 얘기였다고 하면 당신의 기분이 어떻겠어요?

기왕에 '떼이아르 드 샤르댕'의 사상 입문서 책 얘기가 나왔으니 제 말의 진실을 증명하기 위해 그걸 어떻게 일일이 기억하고 있었는지에 대해서도 밝히겠습니다. 실은 전혀 모르던 일입니다. 서른 중반에 잠깐 있었던 일을 어찌 기억하겠습니까. 다만 그분의 글을 읽고 어렴풋이 떠올랐을 뿐입니다. 한데 아무리 생각해도 제가 시집을 갖다 준 일은 없는 것 같았어요. 왜냐면 당시 저는 시집을 거의 사지 않았으니까. 그래서 옛 일기장을 뒤져 보았습니다. 그 일이 기록돼 있으리란 기대는 안 하면서도 혹시나 하고요. 그런데, 이런, 놀랍게도 그날의 일이 짧게 적혀 있는 겁니다. 그분을 잠깐 만나 〈떼이아르 드 샤르댕 입문서〉를 주고 왔다고. 그때 저는 다시 한번 기록의 중요성과 대단함을 느꼈습니다. 그 얼마 후 옛 일기장 몇 페이지를 다시 들춰 봤습니다. 그러면서 제 아들의 육아 과정에 대해 알고 있던 사실 중에도 왜곡된 기억이 있었다는 걸 발견하며 가슴을 쳤지요. 당시에 느꼈던 소회는 후일 〈미안하다, 아들〉이란 제목으로 한 편의 글이 되었습니다.

우리의 인생을 기록한다는 건 흔적 없이 사라져가는 인생과 그 행간의 의미를 갈무리하는 소중한 작업입니다. 그것이 일기이든 수기이든 수필이든 말이지요. 사실적 기록이 남아 있는 한 우리는 거듭해서 그 순간을 되살려 낼 수 있습니다. 하여 증발돼버린 자기 삶의 궤적과 역사를 환기할 수 있고, 우리 삶은 그에 의해 재해석되며, 의미를 읽어내고 발견하는 가운데 그만큼 풍요롭고 정밀해지는 거겠지요. 때문에 철학자 '어윈 에드먼'도 이런 말을 했을 겁니다.

'경험은 무의미로 가득 차 있다. 예술은 그것에 생명을 부여한다. 포괄적인 예술은 인생 전체를 생생하게 만들어 놓는다.'

* 오늘의 제언: 기록하자. 기록하지 않는 인생은 기억되지 않는다.

산문정신에 대하여

　문장이 아름답거나 묘사가 잘 된 글은 독자를 빨려들게 하는 향기를 발산합니다. 저는 메밀꽃을 전혀 모를 때 이효석의 단편 〈메밀꽃 필 무렵〉을 읽었습니다. 소설의 문장 중엔 독자로 하여금 문학적 쾌락을 십분 느끼게 하는 그 유명한 미문, '산허리는 온통 메밀밭이어서, 피기 시작한 꽃이 소금을 뿌린 듯이 흐뭇한 달빛에 숨이 막힐 지경이다.'라는 대목이 있지요. 순간 저는 한 번도 보지 못한 메밀꽃의 형상이 눈앞에 그려지는 듯했습니다. 소금에 비유했으니 꽃송이는 자잘할 테고 색깔은 흰빛일 거라고. 그런 꽃들이 은은한 달빛 어린 산허리에 흐드러져 있으니 환상일 거라고. 이런 게 바로 묘사의 힘입니다. 어떤 사물이나 대상을 있는 그대로 그림 그리듯 언어로 표현하는 묘사는 읽는 순간 문장 내용이 그대로 영상화돼 버리지요.

　작가를 꿈꾸는 사람들은 선천적으로 문학적 감수성을 타고난 분들이라서 말을 할 때나 글을 쓸 때 보통 사람들보다 섬세한 표현과 감성을 드러냅니다. 때문에 같은 이야기를 들려줘도 훨씬 생동감 있게 와닿지요. 묘사를 잘 한다는 건 그만큼 문장에 생명력을 불어넣어 독자로 하여금 감각적 경험을 할 수 있게 해주는 큰 장점이자 중요한 장치입니다.

　작가들 중엔 태생적으로 시적 감성이 뛰어난 분들이 있어요. 게다가 미문에 능하고 묘사력이 출중한 분들도 있습니다. 수필가들 중에도 그런 분들이 많은데 그들을 보면 힘주지 않아도 묘사가 절로 술술 풀려나오는 것처럼 느껴질 정도입니다. 이런 분들은 소설을 써도 아주 잘 쓸 것 같아 부럽기도 했습니다. 하지만 저는 시적인 문체에 치중하거나 묘사가 장황한 수필을 그리 좋아하지 않는답니다. 수필은 산문이기에 산문정신에 입각해 써야 한다고 생각하기 때문이지요. 이는 처음 수필을 공부할 때 지도 교수님이 강조하신 말씀이기도 했습니다.

　교수님께선 처음 수필 공부를 하는 수강생들에겐 시인이 쓴 수필을 가급적 읽지 말라고도 하셨지요. 애초에 길을 잘못 들이면 산문 문학인 수필에서 산문정신이 흐려질 우려가 있기 때문이란 거였습니다. 그렇다면 여기서의 산문정신이란 무얼 의미하는 걸까요? 국어국문학 사전에 보면 산문정신을 다음과 같이 설명하고 있습니다.

'산문이란 운문으로는 나타낼 수 없는 독자성을 지닌 문장을 말한다. 시적 표현·리듬·음악성 등 이른바 시적 아름다움은 지니지 않는다. 이러한 산문형식으로 엮어지는 소설·수필·일기문·기행문 등은 산문정신에서 기초한다. 이것은 인생과 직결되어 있으며 운율이나 조형미에 의거하지 않고 인생의 진실을 이야기하고 어디까지나 내용 자체의 전달로 독자에게 감명을 주는 것이다. 따라서 작자가 걸어온 인생의 체험에서 비롯되는 현실의 묘사나 서술에 그 예술성이 보존된다. 특히 산문정신을 작가정신의 요체(要諦)로서 시정신과 대립시켜 제창하는 까닭은 소설의 리얼리티가 시나 운문과는 별도로 그 문예성을 보유하고 있음을 강조하기 위해서이다.'

국어사전은 산문정신을 좀 더 축약하여 설명합니다.

'외형적 규범이나 낭만적 감상, 시적 감각을 배제하고, 현실을 객관적으로 탐구하여 자유로운 문장으로 표현하려는 문학상의 태도.'

'사물이나 현상에 대한 시적 감흥이나 낭만적 감각을 배제하고, 현실을 객관적으로 탐구하여 자유로운 문장으로 표현하려는 문학적 태도.'

이쯤 하면 산문정신이 무엇인지 아시겠지요? 그러니까 운문은 운문 정신으로, 산문은 산문정신으로 써야겠습니다. 시는 정서를 표현하지만 산문은 의미 전달을 합니다. 때문에 시가 느낌으로 표현되며 설명이 필요하지 않는 것에 비해 산문은 묘사나 객관적 서술로서 설명되는 것입니다.

사람에게 저마다의 체취가 있듯 문장에도 문향이라는 게 있습니다. 미문이 많은 글을 보면 문장이 내뿜는 향기에 흠뻑 빠져들게도 되기도 하지만 저 같은 독자는 이내 거북해지기도 합니다. 왠지 화장 짙은 얼굴을 보는 듯하고 글에다가 향수를 너무 진하게 뿌린 것 같더란 말이지요. 그런 글들은 기교주의에 충실하여 내용 전달이나 작품의 메시지보다는 문장력 과시에 치중한 것 같은 느낌이 들더군요. 작가의 정서와 사유를 서사로 명료하게 풀어내기보다 시적 이미지로 나열하기 때문에 도대체 글에서 말하려는 게 뭐였는지 모호해져 읽은 후엔 정작 남는 게 없는 적이 많았습니다. 물론 이건 제 개인적 취향과 기호일 수 있겠지만요.

제가 아는 수필가 중엔 시를 쓰는 분도 다수 있는데 그들이 쓰는 수필은 확실히 글맛이 다르더군요. 평범하거나 일상적 언술로 쓰인 산문에 비해 운문은 매혹적이며 환기력(喚起力) 있는 비범한 언어를 사용하기에 독자를 흡인하는 힘이 있고 유혹적인 게 사실입니다. 시를 무용에, 산문은 도보에 비유한 것도 그 때문일 겁니다. 산문은 '최적의 언어 질서' 시는 '최적의 질서 속에 놓여있는 최고의 단어들'이라 구분하기도 하지요.

그렇더라도 유혹적인 문장 욕심에 멋을 남발하는 수필은 작가의 허욕이 느껴져 책장을 덮게 되더군요. 예전에 읽은 박연구 수필가의 글에도 이런 구절이 나옵니다.

'일본 문예지에 나온 수필란을 나는 제일 먼저 읽는다. 그렇지만 이른바 수필가라는 타이틀을 붙인 필자의 글들은 잘 읽지 않거나 나중에 읽는다. 그들의 글들은 이상한 수사에 집착하기 때문에 글에 생동하는 윤기가 없고 아무 때나 베레모를 쓰고 다니는 겉멋꾼 같다는 게 나의 생각이다.'

저는 그런 글은 그냥 페이지를 넘겨버리는데 박연구 선생님은 나중에라도 읽으신 모양입니다. '겉멋꾼'이란 말에 저는 혼자 낄낄거리며 웃다가 공감의 밑줄을 두 번이나 그었지요.

일반적으로 수필은 15매 내외를 지양합니다. 물론 그보다 짧은 단수필도 있고 장편 수필도 있지만 수필지에서 흔히 요구하는 건 13매에서 15매 내외입니다. 때문에 시적 이미지 나열이나 묘사는 너무 많이 풀어놓기보다 두어 군데 정도로 줄이는 게 좋을 거란 것이 제 생각입니다.

제가 등단할 무렵엔 보통 13매 내외로 쓰라고 권했습니다. 수필은 단일한 소재로 풀어가니 그 이상이 되면 글이 늘어지고, 그보다 짧으면 뭔가 미흡해지기에 그런 것 같았어요. 저 또한 가급적 13매를 기준으로 쓰려 했고 제 등단작도 그 정도 분량이 됐답니다.

그러다가 어느 날 문득 제 글들이 두부 모판에 있는 똑같은 두부 같다는 생각이 들어 평균화된 매수에서 스스로를 해방시켜봤어요. 말하자면 제멋대로 써 본 것인데, 15매, 20매, 30매, 50매. 나중엔 70매짜리도 나왔습니다. 그 사이사이 8매나 10매 글을 청탁 받아 그렇게도 써봤습니다. 마음대로 쓰다 보니 뭔가 해방감이 느껴지더군요. 하지만 이런 원고 매수는 작가가 마음대로 정하는 게 아니라 쓰려고 하는 글감의 소재나 주제를 참고해야 할 것입니다.

* 오늘의 제언: 겉멋에 치중하지 말자.

글쓰기는 자기만의 퀘렌시아다

11월입니다. 아메리카 인디언들은 우리들이 숫자로 부르는 달을 종족마다 다른 이름으로 불렀다지요. 그중에서도 저는 아라파호 족의 11월을 좋아합니다. '모두 사라진 것은 아닌 달'말이에요. 곳간에 그득했던 곡식 열두 섬 중 어느새 열 섬이나 파먹었다며 휑뎅그렁해 있던 마음을 저는 아라파호 족이 부르던 이름으로 달래봅니다. '케빈 코스트너' 주연의 영화 〈늑대와 함께 춤을〉에 나왔던 인디언 식 이름도 다시 뇌어봅니다.

'주먹 쥐고 일어서' '머릿속의 바람' '발로 차는 새'

어린 시절에 저에게도 별명이 있었습니다. 이름하여 '우는 아이'였지요. 왜 그리 울었는지는 본인인 저도 모르고 부모님도 모르고 아무도 모릅니다. 하지만 저는 날이면 날마다

꼬박 한 시간씩 울었다고 하네요. 엄마가 그런 얘길 하실 때마다 저는 엄마의 과장이려니 여겼었는데, 초등학교 시절에 외가에 갔다가 어린 시절의 저를 기억하는 동네 어르신을 통해 확인할 수 있었답니다. 그 어르신은 저를 보며 대뜸 이렇게 물으셨거든요. "애가 전에 그렇게 울던 '우는 아이' 맞느냐?"고 말입니다.

그 울보 아이가 성장해 초등학교를 졸업할 무렵 〈안네의 일기〉를 읽은 적이 있었습니다. 안네 프랑크라는 유대계 독일 소녀가 나치의 박해로 피신 생활을 하며 써나간 그 일기는 전 세계에서 가장 많이 읽힌 책 10권 중의 하나라고 하는군요. 55개국에서 2,500만 부가 팔리는 어마어마한 호응을 얻어 2009년에는 세계기록유산으로까지 등재되었습니다.

그때 저는 아직 어려서인지 나치의 만행으로 고통받는 안네보다는 자기 일기장에 '키티'라는 이름을 붙여주고 일기를 쓸 때마다 그 이름을 불러주는 게 무엇보다 흥미롭고 매력적으로 느껴졌습니다. 그래서 나도 이담에 일기를 쓰게 되면 이름을 붙여 주리라고 생각했지요.

그 무렵엔 개인의 일기가 책으로 출간된 사례가 더러 있었던 것 같습니다. 안네의 일기 이전엔 재일교포 소녀 안본말자(安本末子)가 쓴 일기체 수기 〈구름은 흘러도〉가 책으로 나오고 이어서 영화까지 만들어진 적이 있었는데, 당시 우리 가족이 그 영화를 함께 보며 눈이 붓도록 울다 나온 기억이 지금도 생생합니다. 아버지를 잃고 가난에 쫓기며 4남매가 뿔뿔이 흩어져 사는 사연은 눈물샘을 자극하기에 충분했습니다. 무엇보다도 실화였으니 말입니다. 자료를 찾아보니 〈구름은 흘러도〉가 유현목 감독에 의해 영화로 만들어진 게 1959년도라고 나오더군요. 그렇다면 저는 안네의 일기를 읽기 전에 안본말자의 책을 읽고 영화도 본 셈입니다

그 뒤로부터 2년 뒤인 1961년 1월 1일에 저의 친정어머니도 일기를 쓰기 시작합니다. 어머니는 계속하여 53년간 일기를 쓰셨습니다. 저는 그중 일부를 발췌하여 제 단상과 엮은 〈어머니의 불〉이라는 책을 2021년도에 출간했고, 아르코(한국문화예술위원회)에서 주최하는 우수도서에 선정되는 영광까지 얻었습니다. 안네와 안본말자가 쓴 일기는 어린 소녀의 일기지만, 저의 어머니가 쓴 일기는 성인의 일기입니다. 공통점은 암울하고 고통스러운 삶을 헤쳐 나가며 일기에 의해 위안을 얻고 자신을 지탱해나갔다는 것이겠지요. 글쓰기가 주는 자기 치유 기능은 이렇듯 인류 보편적 현상입니다.

저는 어머니의 일기를 옮겨 적을 당시 자신도 모르게, 만약 우리 엄마가 일기를 쓰지 않았다면 미쳐버렸겠구나, 하고 혼잣말을 한 적이 있었습니다. 남편의 빚과 첩과의 가출, 가장에 대한 분노, 어린 삼 남매를 홀로 키워야 하는 삶의 위기와

애환. 채권자들의 독촉과 생활고에 치여 자식들과 함께 자살 유혹에 빠지는 여인….

위에 말한 세 여성은 각자 입장은 달라도 삶의 고통과 공포와 슬픔이라는 공통분모를 지니고 있었습니다. 홀로코스트 문학을 일생의 테마로 연구한 '오가와 요오꼬'는 안네의 일기에 대해 이렇게 말했다고 합니다.

'자신을 짓누르는 듯한 난관이나 괴로움도 언어의 형태로 배출하면 머리 위를 짓누르던 부담이 발밑으로 이동하여 자기 자신의 토대로 변한다. 슬픔과 괴로움은 결코 없어지지 않지만 그것을 놓는 위치는 얼마든지 바뀔 수 있다.'

종이와 펜이라는 작고 보잘것없는 도구가 바윗덩어리가 덮치듯 참담하고 절망적인 상황 속에서도 인간을 위로하며 구원할 수 있다는 건 얼마나 깊은 울림과 희망을 주는 것인지요. 글을 쓰는 동안만은 노트(요즘은 자판이지만)라는 공간이 자신만의 퀘렌시아가 되는 겁니다. 퀘렌시아란(Querencia) 스페인어로 피난처나 안식처를 의미하는데 원래는 투우 경기장에서 투우사와 마지막 결전을 앞두고 소가 잠시 쉬는 곳을 말합니다. 작가는(등단 여부와 상관없이 글을 쓰는 모든 이들) 글이라는 수단을 통하여 질식할 것처럼 괴로운 현실을 벗어나 자기만의 퀘렌시아로 도피해 그 안에서 숨을 고르며 다시 살아갈 힘을 비축하게 되는 거겠지요.

1997년도 봄에 저는 처음으로 소록도에 가 볼 기회가 있었습니다. 그곳의 첫인상은 천형이라고도 불리었던 나환자들의 아픔이 서리서리 맺혀있는 섬이라기엔 너무도 고요하고 수려하기만 하여 수줍고도 아름다운 자태의 처녀를 연상시켰지요. 때마침 촉촉한 안개비까지 내리고 있었습니다. 섬의 곳곳을 둘러보다가 저는 망령처럼 어둡게 서 있는 한 낡은 벽돌 건물 앞에서 절로 걸음이 멎었습니다. 그 건물 이름은 '감금실(監禁室)'이라 했고, 일제 강점기 당시 법적 근거 없이 환자를 구금하여 감식 처분을 내리고 체형을 가했던 곳이라고 하더군요. 저는 거기서 뜻밖에도 '김정균'이라는 한 무명 시인이 쓴 글을 만날 수 있었습니다.

'아무 죄가 없어도 불문곡직 가두어 놓고 / 왜 말까지도 못하게 하며 밥도 안주느냐(중략) / 이불 속에서 신경통으로 무지한 고통을 당할 때/ 하두 괴로워서 이불 뜯어 목매달아 죽으려고 했지마는 / 내 주의 위로하시는 은혜로 참고 살아온 것을 주께 감사하나이다 / 저희들은 반성문을 쓰라고 날마다 요구받았어도 양심을 속이는 반성문은 쓸 수 없었노라.'

김정균, 그도 또한 작가였습니다. 그는 그렇게 비루한 자기 삶을 기록했고, 그럼으로써 잔혹한 현실 앞에 스러지려는 자신을 일으키며 잠시나마 숨을 고를 수 있었을 겁니다. 기록한다는 건 자기 안의 농양을 짜내는 작업이 아니었을까요.

그는 작가였습니다. 토해내지 않으면 견딜 수가 없었기에 자기를 지탱하기 위하여, 숨을 쉬기 위하여 그렇게 피 토하듯 썼을 겁니다.

인간이 개인적으로 겪는 고통을 놓고 제삼자가 양과 질을 논할 수는 없겠으나, 어떤 면에선 김정균보다 더한 사람도 있었습니다. '장 도미니크 보비'라는, 패션지 〈엘르〉의 편집장이었던 남성, 자서전 〈잠수종과 나비〉라는 책의 저자입니다. 그는 1995년 12월 아들과 드라이브를 하다가 갑자기 몸의 이상을 느끼며 의식을 잃습니다. 그 후 20일 동안 혼수상태에 있다가 의식을 회복했으나 인체 모든 기능이 자물쇠로 채운 듯 정지되는 '감금증후군'에 걸리게 됩니다. 의식은 깨어있고 인지할 수는 있으나 움직일 수 있는 건 오직 그의 왼쪽 눈꺼풀뿐이었지요. 그는 친구들과 출판사 사장의 제안으로 물리 치료사와 언어 치료사의 도움을 받아 1년 3개월 동안 20만 번 이상의 눈 깜빡임으로 〈잠수종과 나비〉라는 책을 완성합니다. 하지만 책을 쓰기 위해 혼신의 힘을 다했기 때문인지는 몰라도 책이 나온 뒤 3일 만에 숨을 거둡니다.

입안의 침조차도 제대로 삼킬 수 없었던 그는 '흘러내리는 침을 삼킬 수만 있다면 세상에서 가장 행복한 사람일 것이다.'라고 말했지요. 그는 중학생이 된 아들 앞에서 제대로 반응할 수가 없어 눈물도 흘렸지만 자식을 향한 마음을 기록해 둠으로써 그 사랑을 온전히 전할 수 있게 되었습니다.

권터 그라스는 '작가란 과거의 시간에 생명을 불어넣는 사람, 사라져가는 시간에 거역해서 글을 쓰는 사람이다.'라는 말을 했습니다.

사람들은 흔히들 자신이 살아온 얘기를 다 하려면 소설책 몇 권은 나올 거라는 얘기를 합니다. 누구나 인생을 살아낸 이야기가 탑처럼 쌓여 있다는 뜻일 겁니다. 그러니, 당신도 쓰십시오. 자신의 인생에서 보고 듣고 느끼고 깨달은 것을, 분노와 슬픔과 환희를, 부끄러운 기억과 자랑스러운 일화를 적어보십시오. 일기도 좋고 수기도 좋고 수필도 좋습니다. 그 글들이 당신을 완성시키며 정체성을 말해줄 것이니까요. 거기에 당신이 있을 겁니다. 인간이란 '나는 누구인가?' 하며 자신의 의미를 부단히 찾는 존재들이 아니든가요. 삶이란 어떤 상황에서도 살아야 하는 의미를 찾는 여정이기에 그렇습니다.

독일의 정신과 의사였던 빅터 프랭클은 유태인이라는 죄목으로 나치에게 체포되어 수용소에 수감된 적이 있었습니다. 그런데 전쟁이 끝난 후 수용소에서 풀려나온 프랭클은 정신적으로 전혀 상처를 받지 않은 상태여서 의사들은 어떻게 그가 끔찍한 수용소에서 정신적인 트라우마를 전혀 받지 않을 수 있었을까 하고 이상하게 여겼습니다. 그때 그는 다음과 같이 말했다고 합니다.

"어떤 어려운 삶의 상황에 처한다 할지라도 그 상황에 대한 나름대로의 의미를 발견하고 그에 대한 태도를 선택하면, 마음을 온전히 보존할 수 있다."

우리가 삶의 의미를 찾는다는 건 그만큼이나 중요한 일이고 글쓰기는 이런 의미를 작가들에게 부여한다고 믿습니다.
　물론 초보자가 처음부터 좋은 글을 쓰는 건 특별한 재능이 아니고는 어려운 일입니다. 그러니 초기엔 되도록 많은 습작을 하시기 바랍니다. '올더스 헉슬리'는 '어떻게 하면 글을 잘 쓸 수 있는가?'란 질문에 대한 답으로 '원고지와 잉크와 펜을 준비하라.'라고 했다지요. 누구든 왕도가 없다는 말이 되겠습니다. 원고지에 쓰던 시대에 비해 이제는 글쓰기가 너무도 편해졌어요. 제가 처음 원고지에 쓸 때는 파지가 나오는 게 아까워서 일간 신문에 끼어오는 전단지를 모아 인쇄되지 않은 이면을 사용하기도 했답니다. 원고지는 최종 작업할 때나 쓰곤 했지요.

  수필가 윤오영 선생은 '아무리 글이 유창하고 재미있고 미려해도 문학적 정서에서 출발하지 않은 것은 잡문이다.'라고 하셨지만 잡문이든 적바림이든 하다못해 낙서 한 줄이라도 일단은 부단히 쓰고 봐야 한다는 게 저의 생각입니다. 하나의 소재를 정해 거기에 자기만의 감상이나 색깔을 넣어보며 좋은 글이 될 수 있도록 문장을 벼려보는 가운데 당신은 작가로서의 틀이 잡혀갈 것입니다.

  지금은 11월, 아직은 '모두 사라진 달은 아닌 달'입니다.

* 오늘의 제언: 글쓰기의 왕도는 없으니 쓰고 또 쓰자.

정확한 문장은 정확한 발음과 같다

 몇 해 전 두 여성이 저를 찾아온 적이 있었습니다. 비슷한 연배의 A와 B는 각각 글 한 편씩을 들고 왔습니다. A는 갓 등단한 분이었고, B는 등단하지 않은 분이었지요. 한데 제가 보기엔 등단하지 않은 B의 글에 더 믿음이 갔습니다. A는 묘사가 능하고 미문이 많아 얼핏 글을 잘 쓴다는 느낌을 풍겼지만 몇 줄 읽다 보니 문장에 오류가 너무 잦은 게 거슬렸습니다. 모호하고도 긴 문장을 즐겨 씀으로써 의미 전달이 쉽지 않은 것도 문제점으로 보였지요. 반면 B는 문학적인 문장을 구사하지 못했지만 문장의 허점이 거의 없고 글의 메시지가 선명했습니다. 그래서 저는 그날 A에게 이런 말을 했습니다.
 "아무리 근사한 말을 해도 발음이 불분명하면 별 소용이 없어요. 알아듣기 힘드니까요."

문장의 정확성을 발음에 비유한 거였지요. 내친김에 한마디를 더 보탰습니다.

"화장을 곱게 하고 멋진 옷을 입어도 등이 굽거나 걸음걸이가 뒤뚱거린다면 빛을 잃듯이, 글도 그래요. 우선은 한 문장 한 문장을 정확히 써나가는 게 유려한 문장을 구사하려는 것보다 중요합니다."

개인적 취향이지만 저는 후배들의 글을 읽을 때 무엇보다 문장의 오류가 적은 글을 선호합니다. 그런 글은 끝까지 읽게 하는 힘이 있는데 반해 아무리 소재가 좋고 필력이 수려해도 문장이 꼬이거나 불분명하면 의미가 잘 와닿질 않아 짜증나니까요. 일상 속에서 발음이 불분명한 사람의 말을 들을 때 "뭐라고요?" 하고 묻는 것처럼 비문이나 모호한 문장이 많이 보이면 독자는 속으로 계속 "그래서 지금 무슨 말을 하는 건데?" 하게 됩니다.

일전에 저는 K 씨에게 수필 공부 초창기 무렵에 지도교수님으로부터 들었던 얘기를 한 적이 있었지요. 초보자들은 시인이 쓴 수필은 가급적 읽지 말라고 하셨다는. 그건 시를 읽지 말라는 게 아니라 시인이 쓴 산문을 말한 거였다는 걸 다시 말하고 싶습니다. 수필을 쓰려는 사람들은 시도 가까이 해야 하니까요. 제가 2001년도에 썼던 〈화류 십년〉이란 글의 말미에 이런 내용이 나옵니다.

'……그렇다면 수필이야말로 이에 딱 어울리는 장르요 쉼표의 문학. 지나치게 길거나 아쉽지 않게, 지나치게 무겁거나 가볍지 않게, 지나치게 넘치거나 모자람 없이 시와 소설을, 위트와 페이소스를 한 몸으로 어우르고 보듬으면서 논스톱의 우리 삶에 쉼표를 찍어주고 쉼터를 제공한다.'

저는 여기서 수필 속엔 시적 요소와 소설적 요소가 있음을 말했습니다. 문장을 압축하여 독자에게 참신하고 강렬한 인상을 안겨주기엔 시만 게 없습니다. 작고하신 수필가 박연구 선생은 '수필가는 문학적 기량으로 시인 소설가와 겨룰 생각은 말아야 한다. 그들은 문학의 프로들이다.'라고까지 말 한 적이 있지만 저는 절반만 동의하고 싶더군요. 수필가들 중에도 시인과 소설가의 기량을 지닌 분들이 있으니까요.

박연구 선생님은 수필가들의 문학적 기량으론 시인이나 소설가를 능가할 수 없으니 우리는 '진실'이라는 무기로 승부해야 한다고 하셨습니다. 소설은 허구라는 가설무대를 통해 진실을 표현하지만 수필은 가설무대 없이 곧바로 자신을 표현해야 하기에 어려운 문학이라고요. 한편 수필을 지도하는 많은 선생님들은 이구동성으로 이런 말을 합니다. 21세기의 문학에서 수필의 위상은 주도적 문학으로 성장할 것이라고. 수필은 미래의 문학이라고. 부디 그렇게 되기를 바라는 마음 간절합니다.

문제는 정작 수필가라는 타이틀이 주어진 저 자신이 수필을 잘 읽지 않는다는 겁니다. 이런 쑥스러운 고백을 하는 까닭은 수없이 발표되는 수필들이 대부분 관심과 흥미를 유발하지 못하기 때문일 겁니다. 따라서 수필집이 잘 팔리지 않는 것은 책을 가까이하지 않는 독자에게도 있지만 수필가들에게도 책임이 있다고 보는 것이지요. 이런 결론에 이르면 제 마음은 무겁고 어떤 글을 써야 할 것인가를 깊이 고민하게 됩니다.

한데 이 문제에 대한 진단으로 많은 동료 수필가들이 내 놓는 의견은 비슷합니다. 수필엔 신변의 사소한 얘기들이 많아서 흥미가 가지 않는다는 것. 인생살이라는 게 다 거기서 거기인데 고만고만한 얘기들을 풀어놔봐야 무슨 흥미가 있겠냐는 것. 작가와 친분이 있는 경우엔 그나마 작은 관심이라도 가는데, 그렇지 않을 땐 외면하게 된다는 겁니다. 박연구 선생님은 그 결정적인 이유로 수필가들의 글에 솔직함이 적다는 이유를 들으셨더군요. 이 점엔 저도 공감이 갑니다.

그렇다면 왜 솔직함이 적은 것일까요? 일단은 자기의 '심적 나체'를 보인다는 것에 대한 부담이 있어서일 겁니다만 저는 그와 못지않게 문학적인 글을 만들려는 욕심에서 비롯되었을 지나친 화장술 때문이 아닌가 싶더군요. 먼저 글에서도 박연구 선생님의 말을 인용했듯 '그들의 글은 이상한 수사에 집착하기 때문에 글에 생동하는 윤기가 없고 아무 때나 베레모를 쓰는 겉멋꾼 같다'는 것을 다시 한번 새겨봅니다.

수필이 인기 없고 재미 없어진 이유로 또 한 가지를 짚을 수 있습니다. 수필을 읽고 싶어 하는 수요자에 비해 '수필 생산자'들이 너무 많다는 점이지요. 수필 생산자들이 많아진 건 수필 인구가 그만큼 증가한 동시 등단이 쉬워졌기 때문이라고 봅니다. 사실 제가 아는 수필가들 중에도 엉성한 등단을 거친 사례가 더러 있었습니다. 유료 강의를 몇 년씩 듣고도 소위 등단이란 관문을 거치지 못하면 지망생은 낙심을 하게 되고, 지도 선생은 등단자를 많이 배출해야 수강생이 이어져 수업을 계속할 수가 있고 자신의 위상 유지에도 보탬이 됩니다. 그런 까닭에 이런 내막을 전혀 모르고 등단한 분들 중에는 제 경우처럼 다량의 잡지 구매를 놓고 어리둥절해하며 갈등을 겪곤 합니다.

잡지 발행과 제자 양성을 겸하는 선생님들도 현 상황의 문제점을 모르지 않을 것입니다. 그러나 신인 작가를 계속 배출시켜 회원 수를 늘리고 잡지를 판매해야만 운영이 되다 보니 이런 현상이 지속되는 것이겠지요. 정리하자면, 작가 지망생들과 잡지 발행인들 쌍방의 요구가 서로 맞아떨어져 공생하는 관계로 정착된 것 같습니다. 일부 지도 선생들은 수필지 발행인이나 편집진들에게 청탁하여 자신의 제자를 등단시키기도 하는데 이 과정에서 간혹 필력이 미달된 사람들이 신인상을 받는 사례도 본 적이 있습니다.

  흔히 '등단이란 작가가 되었다는 게 아니라 작가로서의 출발점에 선 것이다.'라는 말을 합니다. 그 말대로라면 아직은 작가로서 여물지 않은 사람들의 작품을 실린 책을 독자에게 내놓는 격이 아니겠는지요. 한데 좋은 글도 외면당하는 시대에 고만고만한 신변 이야기가 주류인 책을 누가 찾아 읽겠습니까. 그러다 보니 외연 확장을 못한 채 수필지의 구독자는 거의가 수필가들만으로 굳혀지고 말았지요. 수필가가 양산되지 않으면 잡지사의 운영이 힘들어지는 현실적 문제를 풀어갈 대안이나 묘책은 아직 안 보이는 것 같습니다. 누누이 들어온 대안 없는 비판과 자성의 목소리도 이제는 하도 들어 식상할 지경입니다.

  제 등단작도 지도 교수께서 일부 문장(각목을 참나무로 고친 부분)을 손봐주셨듯, 등단이란 관문을 거칠 때 등단자의 글은 지도 선생이나 잡지사의 편집자에 의해 수정을 거치기도 합니다. 활자화되는 글은 손님상에 내놓는 음식과도 같으니 이 정도는 큰 문제 될 게 없을 겁니다. 하지만 대폭 손을 보고 등단하는 경우는 본인에게도 문제가 될 수밖에 없겠지요. 그런가 하면 비록 제 실력으로 정식 등단을 한다 해도 얼마간 발표를 하다 보면 작가들에겐 글감이 바닥나는 사태가 오기도 합니다.

20여 년 전쯤 저는 한 수필가로부터 전화를 받은 적이 있었습니다. 저와 비슷한 시기에 등단한 분인데 그녀는 대뜸 이제 글을 못 쓰겠다는 하소연을 하더군요. 까닭을 묻자 쓸 거리가 없기 때문이라고 하기에 저는 성질머리 급하게도 이렇게 말했습니다.

"그렇담 안 써도 되는 거 아녜요? 저라면 안 쓰겠어요."

그래놓곤 좀 심했다 싶어 부드러운 어조로 얼른 그녀를 다독였습니다.

"신변사만 쓰지 말고 소재를 확장해 보면 어떨까요?"

"어떻게요?"

"다른 데로 시선을 돌려보세요. 독서도 다양하게 해보시고, 미술전이나 음악회도 가보시고, 시장도 헤매보시고. 아무튼지 새로운 걸 접하면 와닿는 느낌도 많아질 테니 생각의 폭도 달라지지 않겠어요?"

글감의 고갈 문제는 등단 후의 작가들이 흔히 겪는 현상입니다. 글쓰기 초기엔 자기 개인사를 열거하기에도 바빠 쓸거리도 많지만 얼마간 쏟고 나면 글감이 고갈되는 게 당연하지요. 또한 '무지가 용기'라는 말이 있듯 뭘 모를 땐 겁 없이 열 내어 쓰다가도 점차 수필이 무엇인지를 알게 되면 자기 글의 한계와 문제점이 보이므로 글쓰기가 두려워지고 그 두려움으로 글쓰기는 더욱 어려워집니다.

자화자찬 같습니다만, 저는 글을 쓰는 자세에 있어서만큼은 비교적 꾀를 부리지 않고 허명을 바라지 않았으며 우직했던 것 같습니다. 일례로 처음 수필 강의실을 찾아갔을 때 저는 '십년 공부'를 목표로 삼았으니까요. 아무것도 모르지만 십 년 세월 하다 보면 등단이란 것도 하게 되리라고 생각한 겁니다. 강의실엔 몇 년간 수업에 나오고도 등단을 못했다며 애태우는 분들도 보였으나 저는 서두르고 싶지 않았습니다.

한데 서두르지 않는 저에게 의외로 등단 소식이 빨랐습니다. 제 예상보다 그 기간이 1/10로 준 거였지요. 그래서 기뻤냐고요? 아닙니다. 흥분되긴 했어도 저는 오히려 얼떨떨했고 뭔가 이상하다 싶어 아무에게도 이 소식을 전하지 않았습니다. 어떤 분은 등단하자마자 수필가 명함을 만드는 걸 보며 속으로 웃은 적이 있었는데 그분은 얼마 안 가서 수필을 쓰지 않는 걸로 알고 있어요.

등단이 기쁜 것만은 아니면서도 한 가지는 저를 설레게 했습니다. 아무튼지 작가로 인정받게 되었으니 이제부터는 나도 소위 원고료라는 걸 받게 되겠구나 하는 것이었죠. 근데 저는 원고료를 얼마나 받았을까요? 그건 다음에 말하겠습니다.

* 오늘의 제언: 정확한 문장을 쓰도록 훈련하자.

등단 비화

수필 작가를 꿈꾸는 동안 제겐 바람이 하나 있었습니다. 언제고 등단하게 되면 적은 액수라도 좋으니 고료를 받고 싶다는 것이었지요. 이런 로망이 어디 나 하나뿐이었을까만 당시 저는 사는 것이 팍팍했기에 작가에 대한 낭만적 동경보다 당장 생계에 도움 되기를 희망했던 겁니다. 자신이 좋아하는 일을 하며 약간의 수입을 기대할 수 있다면 그거야말로 살맛나고 바람직한 것일 테니까요. 때문에 이른 등단이 놀랍고 당혹스러우면서도 고료를 얼마나 받게 될지에 대한 것만은 매우 궁금했어요. 하지만 대놓고 누구에게 물어볼 수가 없었습니다.

그러던 어느 날 문인회 회장님으로부터 전화가 왔습니다. 그분은 먼저 등단 축하 인사를 하더니 이어서 책은 몇 권이나 살 거냐고 하더군요. 저는 깜짝 놀라 물었습니다.

"책을 사다니요? 아직은 쑥스러워 가족들한테도 안 알렸는데요?"

"등단했으니 지인들에게도 돌려야 하고, 책이 당연히 필요하지요. 최소한 백 권 정도는 사야 합니다."

"백 권씩이나?"

"몰랐어요? 등단하면 책을 사는 거예요."

전화를 끊고 나자 마음이 납덩이같았습니다. 저는 정말로 그런 사실을 몰랐던 데다가 백 권씩이나 돌릴 데도 없을뿐더러, 돌리고 싶지도 않았고, 집구석에 책을 백 권이나 쌓아 둘 일은 더욱 난감했습니다. 결국 고료의 꿈은 날아가고 생각지도 않은 책값 부담감만 떠안게 되었지요. 하나, 아무리 생각해도 백 권씩이나 사서 쟁여둘 순 없는 일인지라 고민 끝에 오십 권 값만 지불하고는 책은 이삼십 부만 보내달라고 했던 걸로 기억합니다.

이런 비하인드 스토리에 놀라셨나요?

이 씁쓸한 얘기를 하는 것은 K 씨도 언젠가 등단을 하게 되면 겪게 될 일 같기에 문단 실정을 알아두라는 의미로 미리 말한 겁니다. 전혀 사정을 모르고 있다가 제 경우처럼 당황해하는 사람들을 의외로 많이 봤거든요. 하기야 당신은 등단을 원하지 않을 수도 있겠지요. 제가 아는 사람들 중엔 등단을 안 하거나 미루면서도 글만은 열심히 쓰며 만만찮은 내공을 쌓은 분들도 있었으니까요. 이런 이들의 글이 의외로 참신하며 틀에 매이지 않은 경우가 많았습니다. 그러니 등단에 신경 쓰지 않고 자신만의 글쓰기를 할 것인가 아니면 등단의 관문을 통과한 후 문우들과 교류하며 지면을 통해 펼칠 것인가는 K 씨가 선택할 문제입니다.

제 친구 중에도 문학을 좋아하고 글 솜씨가 출중한 친구가 있습니다. 의사인 그 친구의 글쓰기를 본격적으로 응원하고 싶은 생각에 저는 어느 날 친구에게 수필 강의를 들어보라고 권했지요. 얼마 후 친구는 우연하게 인연이 닿은 한 여성과 유명 수필 교수님의 강의를 한차례 청강하게 되었습니다. 다녀온 소감이 궁금하여 전화를 해봤더니 그 친구는 이렇게 말하더군요.

"좋았어. 강의도 잘 하시고. 근데, 나, 등단 같은 건 안 하고 싶다. 다들 그런 거니? 강의하는 선생을 바라보는 수강생들 모습이 좀 이상하더라고. 뭐랄까, 잘 보이고 싶어 애쓰는 모습도 그렇고 내 눈엔 마치 교주님이라도 대하는 것 같더라."

그게 무슨 말을 하는 건지 알 것 같았습니다. 등단 전 제가 수업을 받을 때도 간혹 그런 이들이 있었으니까요. 교수님께 물품 공세도 하고 말입니다. 모든 강의실 풍경이 이렇지는 않겠으나 그런 거야 어디서나 볼 수 있는 사람 살아가는 모습이긴 하지요.

훗날, 그러니까 수필 등단을 하고 난 몇 년 뒤, 저는 소설 공부를 하고 싶어 소설가 이호철 선생님을 찾아가 강의를 듣게 되었습니다. 그때 선생님 말씀을 통해 등단제도라는 것이 우리나라와 일본에만 있다는 걸 알게 됐는데, 등단이라는 게 전 세계적인 제도인 줄만 알았기에 그 사실은 좀 의외였습니다.

이호철 선생님은 당시 〈한국문학〉지의 주간으로 계셨는데 등단 제도라는 걸 못마땅해 하셨어요. 때문에 당신이 주간으로 재직하는 한 〈한국문학〉에선 등단 자체를 없애고 좋은 글이 있으면 미등단자의 글이라도 발표의 기회를 주고 기성작가와 같은 고료를 지불하겠다는 파격 선언을 하셨습니다.

또한 등단을 거친 현역 작가의 글이라 할지라도 작품이 미흡하면 싣지 않겠노라 하셨지요. 그러면서 모 기성작가의 글을 실어주지 않아 원망도 샀다는 일화를 밝히셨습니다. 인간적으로 어려운 결단을 하신 것 같았습니다. 선생님의 가르침 중 지금까지 가슴에 남아 있는 말씀이 있답니다. 작가라는 건 몇 작품 써서 등단했다고 되는 게 아니라 꾸준히 역량 있는 작품을 쌓아가고, 그 글이 독자의 인정을 받다 보면 비로소 작가로 굳혀지게 되는 거라는.

저는 그때 습작으로 단편을 몇 편 썼는데, 선생님께 호평을 받았고 처음 써 본 제 작품 〈희열〉이 대번에 〈한국문학〉지에 실리는 기쁨을 누렸습니다. 물론 생전 처음 고료라는 것도 받았고요. 타 잡지사에서 이런 일이 있었다면 등단자가 되었겠지만 이호철 주간의 뜻대로 등단이라는 이름은 얻지 못했습니다. 그 뒤로 소설을 지속해서 썼다면 지금쯤 자리를 잡았을 법하기도 한데 집안에 덮친 어려운 사정으로 그러질 못했어요.

아무려나 놀라운 건 수필 등단 뒤 고료 한 푼 못 받아 본 제가 소설이 발표된 뒤엔 모 기업으로부터 사보 원고 청탁을 받았다는 사실입니다. 그때의 기쁨은 이루 말할 수가 없었지요. 금액은 기억 안 나지만 사보 고료는 액수가 제법 많아 그때 받은 원고료를 최초의 노트북 컴퓨터 장만하는데 보태기도 했답니다. 그러면서 혼자 속으로 외쳤습니다.

"그래, 이런 게 작가다! 글을 발표하고도 고료 한 푼 못 받는 건 '자칭 작가'의 취미생활일 뿐."

저는 수필계에서 주로 활동했기에 소설이나 시 동네는 잘 모릅니다. 그러나 소위 권위 있는 문학지나 신춘문예 공모를 거친 것이 아닌 일반 문예지 출신자들은 주최 측의 '등단 장사'의 영향권에서 자유로울 수 없다고 알고 있어요. 작가를 꿈꾸는 사람들은 수필 지도를 하는 교수님들에게 강의를 들고 일정 기간 실력을 쌓은 다음 그분들이 발행하는 수필지를 통해 등단하는 경우가 많습니다. 잡지 발행과 강의를 겸하는 분들도 있고 강의만 하는 분도 계시지만 일단 수필지도 선생님은 제자들을 지속적으로 등단시켜야 인정도 받고 권위도 서게 되지요.

등단 제도는 한국과 일본에만 존재하는 것으로서 문단의 권위주의와 연고주의의 단편이라고도 합니다. 이호철 선생님은 '문단'이란 단어도 몹시 싫어하셨는데 그 표현 자체가 기성 작가들의 패거리 문화나 권력 집단을 의미하는 말 같기 때문이라고 하셨습니다.

등단 제도도 그렇지만 문학상이란 것에도 간혹 문제가 따르는 것 같습니다. 2000년대 초반 무렵, 저는 모 문학 단체로부터 잡지에 싣겠으니 수필 두 편만 보내달라는 서신을 받았습니다. 곧바로 원고 두 편을 챙겨 보내줬더니 얼마 후 제 글이 우수 작품으로 선정돼 'OO문학상' 수상자로 결정됐다는 전화가 왔습니다. 모월 모시에 모처에서 축하식이 있을 테니 시상식에 와달라는 거였지요. 저는 감사의 뜻을 전하며 가겠다고 했습니다. 그러자 상대방은 한 가지 양해를 구할 게 있다고 하더군요. 시상식 날 문단의 원로들과 문인들을 100여 명 초청하는데 그날 식사대금 전부를 저더러 부담해 달라는 거였습니다. 전에는 정부에서 보조금이 나왔으나 이젠 보조금이 끊겨 그렇다는 거였습니다. 그런 돈을 척척 뿌릴 여유가 된다면 몰라도 제 형편엔 아닌 것 같기에 저는 상을 받지 않겠다는 뜻을 정중히 전했지요.

등단할 때도 돈이 들고, 등단 후엔 정기 구독 및 회비 납부로 잡지사 운영에 협조해야 하고, 상 받을 때조차도 돈이 든다면 이건 정말 '웃픈' 현실 아니겠는지요. 등단도 그렇지만 일부 문학상에 뒤따라오는 잡음도 씁쓸하긴 마찬가지입니다만 이런 얘긴 이쯤에서 접겠습니다.

들은 얘기지만, 소설가 황순원 선생님은 신춘문예나 신인상 심사할 때 작품이 훌륭해도 당신 제자라는 걸 알면 뽑지 않았다고 합니다. 그 때문에 오히려 다른 심사위원이 해당 작가가 황순원의 제자이거나 말거나 수준이 월등히 좋으니 뽑자고 말할 정도였다는군요. 이 경우엔 심사의 공정을 위해 역차별 당한 셈이 됐으니 이래저래 맑고 공정한 심사란 말처럼 쉬운 일이 아닌 듯합니다. 아무튼 작가도 많고 문학회도 많고 문학상도 다양합니다. 그에 따른 뒷얘기도 많은 것이 이 동네의 풍경인 듯합니다.

하나 더 털어놓자면, 등단을 거친 사람들은 일정 기간 글을 써서 작품이 모아지면 거의 대부분이 개인 작품집을(수필집, 시집, 소설집) 냅니다. 뒤이어 책을 지인들을 비롯한 여러 작가들에게도 보냅니다. 이들의 책이 서점에서 일반 독자에게 판매되는 건 극히 일부일 뿐 수필가들은 보내오는 수필집을 공짜로 받아왔기에 의례 거저 받으려니 하는 게 상례입니다.

  그동안 저 역시 수도 없이 많은 수필집들을 받았습니다. 아는 작가는 물론 전혀 모르는 작가의 작품집도 받았습니다. 초기엔 그 성의에 답하려고 보내오는 책들을 일일이 다 읽고 축하 인사에 곁들인 독후감을 이메일로 보내주곤 했으나, 한 해 두 해 지나다 보니 별 느낌이 없는 수필집은 제쳐두게 되고 마음에 없는 인사말을 전하기가 점점 힘들어지더군요. 잘 읽히지 않는 책들은 서가 구석에 유폐돼 있다가 어느 날 재활용 쓰레기장으로 일괄 처분되기도 했습니다. 작가에겐 너무 죄송하고 미안한 일이나 책이 흔해진 시대라 동네 도서관에서도 이런 책을 받아주질 않으니 어쩔 수 없는 일이었지요.

  일부 작가들은 그런 일이 지레 염려되는지 냄비받침으로라도 써달라는 애교 문구를 적어오기도 하는데, 저는 그럴 때마다 자괴감과 착잡함을 느끼곤 했습니다. 그럴 거면 보내질 않았어야 옳은 게 아닌가 하고 말이죠. 때로 제가 모르는 작가들이, 보내줘도 흥미가 가지 않는 책들을 용감히(?), 그것도 몇 권씩이나 보내올 때는 그 수고에 제가 어떤 처신을 해야 하는 건지 잘 모르겠더군요. 덕담의 미덕을 모르는 바 아니지만 어떤 이들은 인사치레로 건넨 말에 지나친 의미를 두고 자랑스럽게 전하는 사람도 보았습니다.

예전엔 문우들끼리 이런 우스갯소리를 한 적도 있었습니다. 책 내는 사람들은 식목일에 산에 나무 몇 그루라도 심어야 한다고. 책을 만드는 종이의 원료가 나무이므로 그렇다는 거였지요.

한편, 개인 수필집엔 지도 교수의 발문이나 작가론(평론)을 같이 싣는 게 거의 관행처럼 돼 있습니다. 물론 평론가(대체로 지도교수가 씁니다)에겐 적지 않은 사례비가 지불됩니다. 그동안 봐온 일부 평론 중엔 그들이 구사하는 고급 언어와 현학적 수사, 꿈보다 해몽 식의 해설을 나열한 것 같은 글도 보이곤 했지요. 언젠가는 시집을 선물받고 뒷장의 평론을 읽어봤더니 서두의 난해한 문장이 도무지 머리에 들어오질 않았습니다.

수필가는 작품의 문학화를 위하여 수사(修辭)에 공을 들입니다. 독자들도 미문에 매혹되더군요. 한편 일부에선 그런 요소가 자칫 작위적으로 느껴져 글이 진실하게 와닿지 않는다는 말을 합니다. 아는 체하고 아름다운 문장을 나열한 게 수필을 잘 쓰는 건 아니라고 조언하는 평론가도 있지만, 평론 역시도 그들만의 레토릭을 많이 구사하는 게 바람직한 평론을 하는 건 아니라는 생각이 들 때가 있었습니다. 일반 독자들은 평론 글에 대해 큰 관심을 갖지 않는 것 같았어요. 일단 글이 쉽지 않으니까요.

세간에 물의를 빚기도 했던 고 마광수 교수는 문학계에 만연한 지적 허영에 대해 큰 반감을 가지고 있었으며 '진짜 좋은 글은 쉽게 읽을 수 있는 글'이라는 게 그의 작문 철학이었답니다. 그는 가독성을 매우 중시하여 복잡한 문장구조와 어려운 어휘들을 피해 썼기에 그의 글에는 문학적 허세가 없고 전달력이 높았다고 하지요.

저의 등단 초기엔 작품의 질과 별개로 작가를 치켜 주는 비슷한 평문이 흔하다 보니 '주례사 비평'이란 말이 회자되기도 했습니다. 역량 있는 작품에 대한 작가론이 실리는 것은 의미 있는 것이겠지요. 그러나 신참들이 몇 년 쓴 걸 모아 설익은 책을 내며 작가론을 보태는 것은 좋아 보이질 않았습니다. 물론 그 심정은 이해가 되고 의미 부여도 할 수는 있습니다. 독자들이 텍스트에서 간과했거나 미처 해석해 내지 못한 것을 평론가에 의해 알게 되기도 하니까요. 또한 작품집을 내는 게 용이한 일은 아니니 한번 일을 벌일 때 기왕이면 자기 글에 대한 총평을 받아보고 싶은 마음이 들기도 할 것이나, 작가에 대해 조명을 하는 건 어느 정도 문학적 내공을 쌓고 나서 하는 것이 좋겠다는 생각이지요. 한데 관행이니까, 혹은 작가론을 넣으면 남 보기에도 그럴듯해 보이니까, 드물게는 발행인의 작가론을 넣어야 잡지사에서 주관하는 문학상을 받는 데 유리하니까 등의 이유로 평론을 넣는다는 건

맹목적인 따라 하기요 허영이 아닌가 싶더군요.

  이런 관행이 정착되다시피 된 것은 수요가 있기에 공급이 이뤄졌던 건지, 아니면 애초 공급자의 권유로 수요자가 생긴 거였는지는 잘 모르겠습니다. 그런 이유로 저는 등단 10년 후인 2002년도에 첫 작품집 〈장미와 미꾸라지〉를 낼 때도 지도 교수님의 평문 대신 글 잘 쓰는 의사 친구에게 발문을 부탁했었답니다. 아직은 때가 아닌 것 같다는 생각과 더불어 정형화되어 있는 풍토에 대한 저 나름의 저항이었던 겁니다.

* 오늘의 제언: 글쓰기의 최종 목표 정해 보기.

메모하는 습관을 기르자

　제 책상 모퉁이엔 노트들이 쌓여 있습니다. 이름하여 적바림 노트입니다. 그 노트들을 바라볼 때면 쟁여놓은 심심풀이 영양 간식 같기도 하고, 때론 뇌수를 쪼는 죽비의 곳간 같기도 합니다. 언제부터 적기 시작했는지는 알 수 없어도 그 속엔 문학과 철학 및 미술과 음악에 관한 글에서 발췌한 초록(抄錄)과 일반상식이, 순수 우리말 몇 가지가 연관성도 없이 빼곡하게 적혀 있으니까요. 말하자면 제 사고와 관심 분야에 대한 흔적인 셈입니다. 필시 글쓰기에 도움이 될 것 같아 참고하려고 적어놓았을 그 자취들을 볼 때면 그동안 내가 참으로 다양한 것을 많이도 적으며 살았구나, 하는 소회에 젖게 되곤 합니다.
　노트의 기록은 목차도 없고 체계 있게 적은 게 아니어서 뭔가를 참고하려 뒤지면 오만가지 물건으로 복잡한 서랍을 뒤져 바늘 하나 찾는 일처럼 힘들답니다. 기실 뭐를 적어 놓았는지 저도 잘 모릅니다. 다만 많은 것이 숨어 있다는 것만 알 뿐이지요. 때문에 혹시나 서랍 속에 바늘이 있나 하고 뒤지다가 못 찾아서 엉뚱한 물건에 정신 팔리는 것처럼 머물기도 하는데, 흥미로운 건 거기서 때론 글감이 나온다는 거지요. 마치 어떤 여행지를 목적으로 차를 몰다가 생각지도 않은 길에서 의외의 좋은 풍광을 만나는 경우와 흡사하다고나 할까요.

언젠가 당신은 또다시 물었습니다. 어떻게 하면 글을 잘 쓸 수가 있느냐고. 저는 그 질문을 받을 때마다 글을 잘 쓰고 싶어 하는 K 씨의 염원과 의도대로 써지질 않아 답답해하는 마음을 읽게 됩니다. 글을 쓰려 하는 이들이 원초적으로 하는 이 질문은 저도 늘 고민하는 것이기에 저 또한 똑 부러진 답을 할 수는 없습니다. 굳이 대답을 한다면 저번에도 말했던 구양수의 다문다독다상량(多聞多讀多商量)을 또다시 들이댈 수밖에요. 그럼에도 한 가지 팁이 있다면, 메모하는 습관을 기르되 때론 그 메모들이 섬처럼 혼자 떠돌지 않도록 유기적으로 연결하여 글감에 활용하라는 것이지요.

작가들이란 대체로 메모하는 습관이 배어있는 걸로 압니다. 글감이 떠올라도 적고, 흥미로운 정보를 접해도 적고. 어떤 현장을 보아도 적고, 적고, 또 적습니다. 인간은 사고도 언어로 한다는데 문자란 그 사고의 언어가 도망가지 못하도록 붙잡아두는 역할을 톡톡히 하는 것 같습니다. 그러니 당신도 메모하는 습관과 가까이 하기를 바랍니다.

  조금 전 노트 한 권을 열고 아무 페이지나 열었더니 이런 메모가 보였습니다.

  괴발개발: 고양이 발자국이나 개 발자국처럼 무질서함을 뜻함. 괴는 고양이의 옛말.
  개발새발, 개발쇠발은 사투리.

  이 메모는 아마도 평소 무심히 썼으면서도 정확한 뜻을 알기 위해 사전을 뒤졌거나 검색창을 두드려 얻은 정보를 적은 것일 겁니다. 그런가 하면 다음 장에는 어떤 유능한 작가의 글에서 가져온 문장도 한 줄 보이더군요. 이 문장은 그 작가가 자신의 노모를 애처로워하며 자기가 어릴 적에 만지작거렸던 엄마의 젖가슴을 표현한 구절입니다.

  '…여자의 가슴은 이제 벽에 걸린 <u>시래기처럼</u> 처져 예전의 탄력을 잃어버렸습니다.'

  몇 달 전 저는 이 분의 작품집을 읽다가 '시래기처럼'에 밑줄을 그은 적이 있었지요. 시래기란 비유가 끝내 걸렸던지라 노트 한구석에 적어 놓은 겁니다. 남의 글을 읽다 보면 좋은 문장을 만나도 밑줄을 긋게 되고, 뭔가 어색하게 느껴지는 문장을 만나도 표시를 해놓게 됩니다. 이 문장이 특별히 걸렸던 건 과거에 제가 어떤 소설을 쓰면서 늙은 노파의 젖가슴을 묘사하던 기억이 났기 때문이었습니다. 당시 저는 탄력 없이 처진 여인의 가슴에 대한 묘사를 놓고 고민하다가 '촛농처럼 맥없이 흘러내린'이라고 썼지요. 그래놓곤 촛농은 처음엔 말랑거려도 이내 굳어진다는 생각이 들어 마뜩잖아 했었습니다. 한데 위의 작가에겐 미안한 얘기지만 시래기는 촛농보다 더 마음에 들지 않았습니다. '시래기' 하면 우선 떠오르는 게 버석하게 말라 부서질 듯한 느낌이기 때문이었죠. 마르기 전의 시래기는 시들거리면서도 물기가 축축하지만 그렇다고 노모의 처진 젖가슴과는 형상이나 이미지가 다르지 않은가요?

  글을 쓰다 보면, 잘 쓰려고 하다 보면 단어 하나를 놓고 이렇듯 신경이 날카로워집니다. 그뿐만 아니라 작은 토씨 사용 하나에도 바늘 끝처럼 뾰족해집니다. 조사(토씨)에 얽힌 김훈 소설가의 일화는 유명하지요. 〈칼의 노래〉를 쓸 때 '버려진 섬마다 꽃이 피었다'란 서두 문장에서 '꽃이'와 '꽃은'이란 토씨를 놓고 고심했다는 것 말입니다. 작가는 처음에 '꽃은 피었다.'로 적었다가 담배를 피우며 고민한 끝에 '꽃이 피었다.'로 고쳤다지요. 그는 '꽃이 피었다'가 사실의 세계를 진술한 언어라면 '꽃은 피었다'는 정서의 세계를 진술한 언어라고 했습니다.

저는 등단 초기에 가까운 문우들과 작품 합평 시간을 갖곤 했습니다. 남녀가 섞여 있었고 나이층도 다양했지요. 우리는 모임을 결성하며 서로 격의 없는 합평을 하자고, 그래야 우리의 글이 발전할 수 있다는 것에 합의했습니다. 그러던 어느 날 저와 어떤 문우가 격하게 토론을 벌였습니다. 제가 한 문우의 글에 나오는 적절치 않은 대목 하나를 지목하며 고쳤으면 좋겠다고 하자 그녀가 그럴 수 없다고 말했기 때문이었어요. 문제 된 것은 '없는 형편'이란 대목이었습니다.

그 글의 내용을 간략히 소개하자면 이렇습니다. 그녀의 취미는 골동품 수집이라서 집안엔 그녀가 애써 모은 귀중하고 값진 애장품들이 많습니다. 그녀는 골동품을 구입하는 사연을 서술하다가 '없는 형편'에도 불구하고 마음에 드는 물건이 눈에 띄면 어떻게든 사들였다고 썼습니다. 그래서 제가 '없는 형편'과 값비싼 골동품은 서로 호응되지 않는 것 같으니 다른 말로 바꾸든가 빼는 게 좋겠다고 했지요. 그녀는 그럴 수 없다며 뜻을 굽히지 않았습니다. 나 또한 내 의사를 걸

어드릴 수 없어 끝까지 논쟁을 이어갔습니다. 골동품이란, 그 자체가 '없는 형편' 사람들이 구입할 수 없는 물건이라고. 어느 정도라도 여유가 되는 사람들이 구입할 수 있는 거라고. 또한 선생님은 여의도의 평수 넓은 아파트에 사는 중산층이니 '여유 있는' 형편이라고. 그러자 그분은 얼굴을 붉히며 그 골동품을 수중에 넣기까지의 과정을 설명했습니다. 친구들이 비싼 보석반지를 끼었을 때나 밍크코트를 입고 나왔을 때도 자신은 골동품을 사기 위해 절약했다는 겁니다.

  그 해명은 오히려 저를 더 어이없게 하더군요. 저 역시도 골동품 몇 가지를 소장하고 싶었지만 제 형편에 그런 욕심은 가당치 않다는 걸 알고 진즉에 욕망을 눌렀기 때문이었습니다. 그래서 나와 같은 사람이 만약 골동품 사들인 얘기를 쓰며 '없는 살림'이라고 했다면 문제될 게 없었을 거라는 말을 덧붙였지요. 그 문우는 더 이상 말을 하지 않았지만 낯빛은 몹시도 불쾌해 보였습니다.

  다음 날 그녀가 제게 전화를 했습니다. 어제 일로 너무나 화가 나서 저녁에 우황청심환까지 먹었다는 거였습니다. 저는 그 말이 좀 언짢았지만, 어제 그녀가 워낙 방어적으로 나오다 보니 저 또한 말투가 공세적으로 흘렀던 건 아닐까 하는 생각이 들었지요. 방어기제란 누구에게나 있는 거지만 사람들과 어울리다 보면 유독 방어적 기질이 강한 사람이 있더군요.

인간의 사고는 누구나 자기중심적입니다. 좋은 인품을 지닌 사람에게도 이따금 당혹스러운 모습이 돌출되곤 하는데 그 문우도 장점이 많은 분이었습니다. 그날 그녀가 끝내 제 말에 수긍하지 않은 것은 글을 써나갈 때 자신이 골동품을 사들이느라 절약하던 일에만 골몰했기 때문이었을 겁니다. 하기에 글을 쓸 때는 객관적 거리를 두며 자신에게도 논리적 반문을 해봐야 합니다. 합평 모임을 갖는 것도 자기 주관에만 머무는 걸 경계하기 위함인데 호평만을 기대한다면 거기서 그치게 되고 말겠지요.

비판이나 혹평에 대해 열린 자세를 취하는 것, 이게 말처럼 쉽게 되는 일은 아닙니다. 인간은 감정의 지배를 받게 돼 있으며 솔직한 비평을 주문하면서도 내심으론 호평해 주기를 원하니까요. 그렇더라도 남에게 내보이는 글이라면 역지사지의 마음으로 객관적 거리를 확보해나가야 합니다. 그래야 치우치지 않는 사고가 가능해져 자연스럽고 적확한 문장을 구사할 수 있게 되며 그럴 때 비로소 독자의 보편적 공감을 얻을 수 있기 때문입니다. 이 말은 K 씨에게 하는 말인 동시 저에게도 당부하는 말이지요.

* 오늘의 제언: 자기도취는 금물이다.

문장 고치기

　이십여 년쯤 전인가 모 신문사에서 하는 교정교열 강의를 들은 적이 있었습니다. 등단도 하고 꾸준히 글을 써온 저였건만 수업 시간에 내주는 과제를 하는 것이 의외로 벅찼습니다. 왜냐면 김동리 소설가 같은 대가의 글이나 메이저 신문사의 칼럼 및 사설을 내어주며 그 가운데서 옥에 티를 찾는 거였으니까요. 이름만 들어도 우러를만한 분들의 글에서 오류를 찾아보라니 지레 송구한 마음이 들기도 했고 그래선지 아무리 읽어도 찾을 수가 없었습니다. 난색 하며 절절매다가 수업이 시작되어 설명을 들으면 비로소 그렇구나 하며 하나하나 보이는 거였습니다. 무오류의 완벽한 문장이란 그만큼 어렵다는 걸 그때 알았습니다.

　그 얼마 뒤, 남편의 직장 문제로 2년간 대구에 내려가 살게 되었는데 재충전을 해보려고 경북대학 평생교육원의 논술 강의에 등록해 수업을 받게 되었습니다. 한데 첫 시간부터 저는 지도 교수님의 유난히 심한 경상도 발음을 도무지 알아듣기 힘들어 마치 외국에 유학이라도 간 학생처럼 어리둥절했습니다. 불고염치하고 수업 때마다 옆자리 수강생에게 통역을 부탁하곤 했지요.

그뿐만 아니고 교수님은 수업 중에 질문도 유난히 많이 하셨습니다. 질문할 대상은 여러 명 지목하는 게 아니라 한 둘 정도로만 제한하여 집요하고도 깊게 물고 늘어지셨지요. 결국엔 모두에게 차례가 돌아갔지만 그럼에도 공포의 질문 시간이 오면 교수님과 가급적 눈을 마주치지 않으려고 고개를 숙이곤 했습니다. 그러다가 차츰 교수님 사투리에도 귀가 트여갔습니다.

교수님은 학생이 답을 못해 입 다물고 끙끙거려도 절대로 포기하지 않고 어떻게든 답의 실마리를 찾아내도록 유도하여 끝내는 그 답을 스스로 완성시키도록 하셨지요. 그 교수법이 너무도 인상적이고 감동스러워 우리들끼리는 교수님을 교주님이라고 칭하기도 했답니다.

교수님께선 수업 때마다 수강생들이 긴장한다는 걸 알고는 강의가 시작되면 언제나 우스개 얘기를 몇 마디 꺼내어 강의실을 웃음바다로 만드셨습니다. 이 마약성 웃음에 홀려

정신 줄 내려놓고 웃다 보면 다음엔 상황이 급반전하며 공포의 질문 시간으로 넘어갑니다. 그러면서 느슨해졌던 신경줄이 팽팽해집니다.

오늘은 그 시절의 추억에 젖어 교제를 꺼내 놓고 이리저리 들추며 논술지도사 자격증을 따려고 공부했던 흔적을 살펴봤어요. 교제를 읽다 보니 어색한 문장을 고쳐보라는 문제가 보이더군요. 저는 다시 학생으로 돌아가 문제들을 훑었습니다. 그중엔 이런 것도 있었습니다.

'가정은 어느 시대를 막론하고 인간성의 함양과 사회적 덕목을 계발시키는 터전이다.'

문제될 게 없는 문장입니다. 하지만 '어느 시대를 막론하고'를 앞으로 끌어내어 '<u>어느 시대를 막론하고 가정은 인간성의 함양과 사회적 덕목을 함양시키는 터전이다.</u>'라고 하면 보다 자연스러운 문장이 되는 걸 알 수 있습니다.

또 하나 예문을 들어볼까요(아래 글이 고친 문장).
'나는 꾸준히 젊은 사람 못지않은 봉사활동에 매진하였다.'
'<u>나는 젊은 사람 못지않은 봉사활동에 꾸준히 매진하였다</u>'

'어제는 몸이 아프니까 학교를 결석했다.'

'어제는 몸이 아파서 학교에 결석했다.'

'어제 우리 집을 방문한 그 여자 자매는 쌍둥이였다고 한다.'
'어제 우리 집을 방문한 그 자매는 쌍둥이였다고 한다.'

얼핏 보면 큰 문제가 될 게 없는 듯한 데도 세심히 살펴보면 어순(語順)이나 정확한 말을 배치하는 것으로 문장이 사뭇 명료해지는 걸 알 수 있습니다. 저는 아홉 번째 편지에서 잠깐 김훈 소설가 얘기를 했었지요. 〈칼의 노래〉를 쓰며 작가가 조사 하나를 놓고 고심했다는 사연 말입니다. 소설가 김훈 선생은 '한국어로 사유를 한다는 건 조사를 읽고, 조사를 경영한다는 것이다.'라고까지 말했습니다.

그러니 단 한 음절에 지나지 않는 토씨 하나에도 신중한 검토를 해보는 자세가 중요합니다. 저 역시도 청탁 원고를 잡지사에 넘길 때면 어순과 조사를 놓고도 이리저리 생각을 굴린 적이 많았습니다. 그런데도 책으로 인쇄되어 나온 자신의 글을 읽으면 몇 군데씩 손보고 싶은 것이 눈이 띄곤 했지요. 때문에 이미 알고 있는 내 글이라 할지라도 인쇄된 글을 펼칠라면 언제나 긴장되곤 했습니다.

이런 식의 예민한 감각은 기왕이면 글쓰기 초보 시절부터 키워보는 게 좋겠다고 생각합니다. 초기부터 대충대충 넘기지 않는 습관을 들여놓는다면 묘목 때부터 수세를 잡아 놓은 분재처럼 그 모양을 유지하며 커 나갈 것이니까요.

　제가 초등학교 다닐 적엔 담임선생님으로부터 바른 자세에 대한 훈계를 자주 듣곤 했지요. 수업을 하다 말고 삐딱하게 앉은 애가 보이면 '아무개, 자세 똑바로!' 하며 일침을 놓으셨답니다. 이런 일상들이 쌓여 학생의 자세가 반듯해지는 것처럼 평소의 집필 관습이 결국은 님의 글을 이끌어 갈 것입니다.

　문장 수련을 허술히 한 경우에는 비록 등단 연도가 오래된 작가의 글이라 할지라도 비문이 보이고 조사의 사용이 적절하지 않은 걸 보게 됩니다. '세 살 버릇 여든 간다.'는 속담도 한 번 새겨 보시길. 하기에 미문에 대한 의욕에 앞서 바른 문장에 대한 다짐을 키워보시기를 저는 거듭 부탁하고 싶습니다.

　바른 문장이란 철자는 물론 어순이나 주어 술어의 상관관계가 정확해야 하는 것이기도 하지만, 불필요한 말을 덜어내어 가장 효율적인 문장을 만드는 것이기도 합니다. 위 예문에서, '그 여자 자매는 쌍둥이라는…'과 '그 자매는 쌍둥이라는…'것을 비교해 보면 알 수 있듯이, 자매란 여자끼리의 동기간을 의미하니 '여자 자매'라고 하면 여자라는 의미가 겹치는 게 되겠지요. 또한 작은 부호 하나라도 소홀히 하지 말고 부호가 필요할 땐 반드시 넣어주어야 합니다.

예를 하나 들어볼까요.

'나는 무척이나 매운 것을 좋아한다.'

이 문장을 보면, 필자는 매운 음식을 무척 좋아하는 듯 와닿습니다. 그러니까 '나는 매운 것을 무척이나 좋아한다.'로도 읽힐 여지가 있다는 것이죠. 한데 필자가 만약 '무척 매운 음식'에 역점을 두고 쓴 글이었다면 독자에겐 오독(誤讀)의 여지가 있으므로 이럴 땐 쉼표 하나가 들어가야 뜻이 명확해집니다.

'나는, 무척이나 매운 것을 좋아한다.'

소설가 오정희의 산문집을 보면 작가가 퇴고하는 장면을 이렇게 서술하고 있습니다.

'귀머거리는 그녀를 둘러싼, 난막(卵膜)처럼 아늑하고 조용한 침묵의 세계에서 안전하다.'

한 문장을 쓰고는 다시 볼펜을 놓고 들여다보다가 '난막(卵膜)처럼 아늑하고 조용한'을 지워버린다. 침묵의 세계가 두텁고 끈끈한 막에 싸인 알 속처럼 조용할 것은 당연한데 불필요하게 수식하고 있다. 또한 직유법의 남용은 내용 없는 매끄러움과 번잡한 느낌을 줄 수 있다는 생각에서였다. 갈수록 직유보다 은유적 표현법에 기울게 되는 것도 사실이다.

오정희 작가는 수많은 소설가 지망생들의 롤 모델이자 선망의 대상이기도 합니다. 그녀의 글은 일반적이지 않은 등장인물들의 심리 묘사, 불안감, 초조함, 긴장감 등의 감정 묘사로 유명해서인지 많은 작가들이 오정희의 소설을 필사하며 문학의 기초를 다졌다고 전하더군요. 한데 그런 필력은 자신의 작품에 대한 과도하리만큼의 엄정한 퇴고 과정을 거치며 이루어졌다는 걸 그녀의 산문에서도 읽을 수 있었습니다.

오정희 작가는 완성된 원고를 소리 내서 읽어 보고, 문장이 입에 착착 달라붙지 않으면 리듬감이 느껴질 때까지 고쳐 쓰고는 한답니다. 오정희 작가를 예로 들긴 했지만 많은 작가들이 이를 실천하고 있습니다. 물론 저도 그중의 한 사람이고요. 이건 누가 가르쳐서이기 이전에 글을 쓰다 보면 절로 그런 욕구가 생기기도 하니까요.

K 씨도 글 한 편을 다 쓰고 난 뒤 퇴고를 하고 나서 마지막으로 점검할 땐 반드시 소리 내어 읽어보십시오. 눈으로만 보고 고칠 때와는 또 다른, 거기에선 미처 발견할 수 없었던 문장의 흠결이 드러나는 걸 알게 될 것입니다.

* 오늘의 제언: 완성된 원고는 반드시 소리 내어 읽어보자.

글쓰기의 은밀한 즐거움

　기왕에 퇴고 얘기가 나왔었으니 이번에도 그 얘길 계속해 보기로 할게요. 지난번에 어색한 문장 고치기의 예문을 들어 봤는데, 일상의 언어생활에선 어순이 바뀌어도 의미 전달만 된다면 별문제가 되질 않습니다. 글을 쓸 때 역시도 말하듯 자연스럽게 써 내려야 하지만 말과 글은 같을 수가 없습니다. 글이란 말과 달라서 완전하고 체계적이어야 하며 기왕이면 완성도까지 높여야 내용의 뜻과 맛이 제대로 살아납니다. 글이란 오로지 문자로만 의미를 전달하는 것이며 활자의 배열을 통해 문장을 이해하기에 그렇습니다.
　구어(口語), 즉 입말 같은 문체를 '구어체'라고 하고, 글에서만 사용되는 문어(文語)로 쓰인 문체를 '문어체'라 하는데 글을 쓸 때는 특별한 경우를 제외하곤 문어체로 씁니다.

소설가 '마크 트웨인'의 말 중에 이런 게 있습니다.

<u>비슷한 말과 정확한 말은 반딧불과 번갯불만큼이나 다르다.</u>

반딧불과 번갯불이란 비유의 엄청난 대비에 웃음이 나면서도 저는 그가 정확한 말이나 글을 쓰기 위해 얼마나 고심하며 집필했는가를 알 수 있었습니다. 글을 쓰는 사람들은 전문작가이거나 아니거나 상관없이 모국어를 바르고 명확하게 써나가야 하겠지요. 더구나 계속 글을 쓰고 싶은 분이나 작가를 꿈꾸는 경우라면 더 말할 나위가 없을 겁니다.

며칠 전 어느 분이 저에게 이런 질문을 했습니다. 작법에 대한 이론서를 열 권 가까이 지니고 있다면서 그 책들을 다 독파하면 좋은 글을 쓸 수 있겠느냐고요. 그 물음에 저는 이런 대답을 했습니다.

"나쁠 건 없지만, 요리 책을 많이 본다고 반드시 요리를 잘하게 될까요?"

이론서를 본다는 건 분명 도움 되는 방법입니다만 그 이론 지식의 양이 실전에 바로 적용되는 건 아닌 듯했어요. 경우의 차이는 있지만 이론은 이론이고, 실기는 실기라는 말입니다. 이론을 많이 알아두면 글 쓸 때 도움이 되긴 하나 그렇다고 이론서만 들입다 읽고 글쓰기를 병행하지 않으면 이론가는 될지언정 실질적인 글쓰기엔 별 진척이 없을 것 같습니다. 때문에 글을 써보겠다는 분들이 있으면 저는 무조건 무슨 글이든 한 편을 보여 달라고 한답니다. 그러면 원고지 십여 매 글을 써오기도 하는데, 지난번에도 말했듯이 초보자의 글에는 긴 문장들이 많이 나옵니다. 그것은 머릿속의 생각이 엉켜있기 때문이므로 엉킨 생각들을 분류해 짧은 문장으로 나눈다면 자신의 의도를 펼쳐 가는데 사뭇 용이해질 겁니다.

저는 초기부터 이론서는 가까이하지 않았습니다. 이따금 참고만 할 뿐이었지요. 수필 지도 교수님께 수업을 받은 것도 다른 분들에 비해 기간이 훨씬 짧았습니다. 하지만 등단 이후엔 마음 통하는 동인들과 한 달에 한 번 합평 자리를 마련하여 서로의 작품을 비평하는 시간을 가졌습니다. 자신이 쓴 글을 볼 때엔 객관적 거리를 유지하기가 어려워 허점을 잡아내기 쉽지 않은 반면 남의 글은 상대적으로 잘 보이기에 서로 많은 공부가 되는 것 같았지요.

제가 그나마 자주 들춰본 이론서를 든다면 오래전에 나온 상허(尙虛) 이태준의 〈문장 강화〉라는 책이었습니다. 그 책이 처음 쓰인 연대가 1939년이니 그야말로 옛날 책입니다. 〈문장 강화〉란 책은 상허 선생이 1939년 2월 〈문장〉지에 연재하다가 이듬해 출간한 것이라고 합니다. 그러던 게 1988년에 〈창비〉사에서 처음 간행되어 꾸준히 읽히고 있는 것으로 알고 있어요. 저는 1997년도 문고판을 갖고 있는데, 시대감이 떨어지는 예스러운 문장에도 불구하고 이 고전적 이론서를 가까이 두고 읽었습니다. 이론서라곤 그것밖에 없는 까닭도 있었을 겁니다만 그러나 지금도 그 책은 여전히 스테디셀러라고 알고 있습니다.

예전에 한 수필가께서 저더러 어떤 이론서를 봤느냐고 묻기에 〈문장 강화〉 얘기를 했더니, 그렇게 오래된 걸 보느냐며 의아한 듯 바라보더군요. 그 책을 읽는 동안 인상적인 내용이 많았지만 퇴고할 때 유의 사항에 대한 항목이 특별히 오래도록 제 기억에 남았습니다.

1. 용어를 보자.
2. 모순과 오해할 데가 있나 없나 볼 것이다.
3. 인상이 선명한가? 불선명한가? 난시(亂視) 작용을 하는 데가 있나 없나 보자.
4. 될 수 있는 대로 줄이자.
5. 처음의 것이 있나? 없나?
6. 이 표현에 만족할 수 있나? 없나?

여기서 1은 단어 사용을 올바로 했는가를 의미하는 거겠지요. 2는 문장 상 어긋나는 곳이 없는지, 혹은 표현이 잘 못 된 곳은 없는지를 살피라는 것일 테고, 3은 문장의 선명도, 즉 글을 이해하기 쉽게 썼는가의 문제, 4는 불필요한 내용이나 늘어지게 쓰는 것에 대한 주의, 5는 수미상관으로 썼는지의 문제, 6은 문장의 표현에 보다 더 고민하며 더욱 만족스러운 글이 되도록 하라는 의미로 받아들이며 읽었습니다.

이렇게 소제목을 달아 설명한 내용 중에는 제가 밑줄을 세 번이나 그은 대목이 있습니다. 바로 이 내용이었지요.

'있어도 괜찮은 말을 두는 관대보다, 없어도 좋을 말을 기어이 찾아내어 없애는 신경질이 문장에 있어서는 미덕이 된다.'

상허 선생은 이 말에 이어 이렇게 말했습니다.

'이 없어도 좋을 말들을 다 뽑아버려 보라. 잡초를 뽑은 꽃이랑처럼 한결 맑은 기운이 풍길 것이다.'

위의 내용은 제 머릿속에 강렬하고도 깊숙이 박혔기에 청탁 원고를 잡지사에 보낼 때면 저 역시도 없어도 좋을 말을 찾아내느라 애를 쓰게 됩니다. 그 '신경질의 미덕'을 발휘해 보려고 말이죠. 때문에 퇴고할 땐 제 신경질의 강도가 올라갑니다. 토씨 하나를 두고 이리저리 바꾸다가 결국은 원점으로 돌아가기도 하는데, 그 과정이 가끔은 저를 지치게도 하면서도 한편으론 무언가에 골똘하게 빠져보는 나름의 '꿀재미'가 있더라고요. 인생을 살아가며 뭔가 자기의 온 정신을 쏟아보는 일은 무덤덤히 지내는 것보다야 훨씬 생동감이 느껴지며 덜 권태롭지 않을까요. 저는 불광불급(不狂不及)이나 살짝 미쳐야 인생이 즐겁다는 말을 신봉하는 사람입니다. 기왕지사 벌인 일이라면 뜨겁게 덤벼보자는 것이죠.

이런 과정을 거치다가 글이 원래보다 조금이라도 나아지는 걸 느끼게 되면 본인만이 알 수 있는 희열이 찾아오기도 합니다. 퇴고의 과정에서 몇 글자 고쳐놓고 만족감이 찾아들 때면 저는 기고만장하는 기분으로 철학자 '베르그송'의 말을 빌어다가 이렇게 떠벌이곤 합니다.

"존재한다는 건 변화하는 것이고, 변화하는 것은 성숙하는 것이며, 성숙하는 것은 끝없이 자신을 창조해나가는 것이다."

이런 오버를 한다고 뭐라 할 사람도 없습니다. 이건 자신만의 공간에서 일어나는 일이니까요. 이러면서 누구도 누릴 수 없는 나 혼자만의 즐거움에 빠져드는 데 이 또한 글쓰기가 글쓴이에게만 베푸는 내밀한 영약이기도 합니다. 돈으로는 결코 살 수 없는….

* 오늘의 제언: 퇴고할 땐 가급적 신경질적으로!

아 다르고 어 다르다

글을 쓴다는 건 삶 속에서 맞닥뜨린 어떤 사건이나 대상, 혹은 자연과 사물에 대한 자신의 느낌이나 의견을 기록하는 일입니다. 어떤 정서나 사유도 생각으로만 머물면 이내 휘발하고 말지만 그것을 문자로 정리하면 문장의 세계 안에 오롯이 저장됩니다.

대부분의 사람들은 매 사건이나 장면들을 단기간 기억하고 흘려버리기 일쑤지요. 그러나 글을 쓰는 이에게 모종의 느낌이 와닿으면 그것은 씨앗처럼 그 사람의 가슴에 심어집니다. 뒤이어 씨앗이 발아하면서 글밭에 싹이 트고 자라납니다. 또한 글을 쓰다 보면 샛길로 빠지면서 원래 의도했던 주제에서 벗어나기도 하며 산만해지기에 퇴고가 필요하지요. 오타나 중복된 단어도 나옵니다.

퇴고는 글을 완성한 뒤 즉시 하는 것보다 얼마간 묵혀두었다가 하는 게 효과적입니다. 시차를 두었다가 다시 보면 뒤죽박죽 뒤섞여 있던 글밭의 풍경이 비로소 보이며 무엇을 살리고 무엇을 솎아야 할지 보이기 시작하니까요. 글을 구성하고 있는 문단의 순서도 어느 것을 앞세우고 어느 것을 뒤로 놓아야 할지가 비로소 감으로 잡힙니다. '문단(文段)'이란 단어를 적고 나니 오늘은 글의 단락에 대한 얘기를 해야겠군요. 먼저 예문 하나를 소개하겠습니다.

한 알의 사과

1) 가을이다.
사과 몇 알이 식탁 위에 올라왔다. 빨간 보석 같은 홍옥이다. 덥석 한 입 깨물어 보니 새콤하고도 달다. 뒷맛이 개운하다.
나는 한 입 베어 문 홍옥 한 알을 손바닥 위에 올려놓았다. 어찌 보면 빨간 불덩이 같다. 이 불덩이 홍옥은 어디서 온 것일까.
나는 이 가을 날 고향 하늘 속에 수없이 박혀 있을 수많은 불덩이 사과를 생각했다.
2) 지난겨울이었다.
찬바람 이는 과수원을 지나다가 달빛에 비친 사과나무의 모습

을 보았다. 가지를 하늘로 뻗고 있는 모습은 기도하듯 하늘을 우러르고 있는 것 같았다.(중략)

3) 계절이 바뀌어 봄이 되면, 따스한 빛은 하늘과 땅에 가득차고 사과나무에도 푸른빛의 수액이 감돌기 시작한다.

보라, 저 죽은 듯한 가지마다 겨울 하늘빛, 그 빛과 같은 사과꽃들이 과수원 가득히 피는 것을. 마치 하늘 한 자락이 내려온 것 같은 것들.

사과나무는 꽃잔치를 벌여놓고 벌나비를 부른다. 갓 깨어난 벌, 나비들이 배가 고플까 봐 일찍 꽃을 피워 꿀물을 준다. 우리네 어머니의 마음과 똑같은 것이다.(중략)

위에 든 예문은 제가 논술 공부하던 교제에서 인용한 것인데, 일단 1의 문장을 살펴보면 문단 의식 없이 써나간 것을 볼 수 있습니다. 1의 내용은 단락을 바꾸지 말고 계속 이어서 써야 한다는 것이지요. **한 생각의 단위, 같은 생각이나 같은 내용은 한 문단으로 이어 써야** 합니다. 글의 흐름상 단락을 나누지 않고 계속 이어지는 경우도 있는데 이런 글을 읽을 때 독자의 눈은 피곤해 오고 가독성도 떨어집니다. 반대로 문단을 너무 자주 나누면 맥이 끊기어 몰입도가 낮아집니다. 저 같은 독자는 다소 짜증이 나기도 할 만큼 말이지요. 그런 이유로 문단이란 작가의 임의대로 쪼갤 것이 아니라 서술한 내용의 시공간이 바뀔 때나 그 대상이 바뀔 때, 혹은 한 문단의 내용이 너무 길어 숨이 가쁘게 느껴진다고 여겨질 때 바꿔주는 게 좋습니다.

만약 이 글의 작가가 저와 함께 합평을 하던 문우들 모임에 왔었다면 글에 나타난 영탄법(詠嘆法 감탄사나 감탄형 어미 따위를 사용하여 기쁨, 슬픔, 놀라움 등의 감정을 강조하여 나타내는 수사법)과 비유의 부적절함, 감상적 발상 전개 등을 짚었을 것 같군요. 글 내용의 일부만 발췌하긴 했으나 K씨도 나름 이 글에 대한 자신의 소감을 피력해 보시기 바랍니다. 어떤 점이 좋았는지 혹은 거슬렸는지. 타인의 글에 대한 감상이나 비평의 눈을 키우는 건 곧 자신의 글을 향상시킬 수 있는 방법이 되기도 하니까요.

저는 문단 나누기부터 고개를 갸웃했습니다. 영탄법도 거슬렸고, 사과나무가 벌 나비들 배고플까봐 일찍 꽃을 피워 꿀물을 주는 게 어머니 마음 같았다는 대목은 작위적 느낌이 들어 어색하게 다가왔습니다. 꽃들이 꿀을 제공하는 건 벌 나비를 위해서가 아닌 꽃가루받이를 위한 자기 보존의 방법이지요. 물론 이 글은 과학이 아닌 문학적 글이기에 작가는 그렇게 말할 수도 있습니다만, 그럴 땐 '<u>갓 깨어난 벌, 나비들이 배가 고플까봐 일찍 꽃을 피워 꿀물을 준다. 우리네 어머니의 마음과 똑같은 것이다</u>'라는 단정적 서술 보다 자신의 눈엔 그렇게 다가왔다는 식으로 약화시켜야 자연스러웠을 거란 생각입니다. 혹은 '벌, 나비들이 배고플까봐'를 지우고 담백하게 이어갔어도 감상적인 느낌이 덜하지 않았을까 싶군요.

사과(나무)를 제재로 한 또 한 편의 글을 소개하겠습니다.

부석사 앞 사과나무 밭

부석사 진입로의 이 비탈길은 사철 중 늦가을이 가장 아름답다. 가로수 은행나무 잎이 떨어져 샛노란 낙엽이 일주문 너머 저쪽까지 펼쳐질 때 그 길은 순례자를 맞이하는 부처님의 자비로운 배려라는 생각이 들기도 한다.

내가 늦가을 부석사를 좋아하는 이유는 은행잎 카펫길보다도 사과나무밭 때문이었다. 나는 언제나 내 인생을 사과나무처럼 가꾸고 싶어 한다. 어차피 나는 세한삼우(歲寒三友)의 송죽매(松竹梅)는 될 수가 없다. 그런 고고함, 그런 기품, 그런 청순함이 타고나면서부터 없었고 살아가면서 더 잃어버렸다. 그러나 사과나무는 <u>될 수가 있을 것도 같다.</u> 사람에 따라서는 사과나무를 사오월 꽃이 필 때가 좋다고 하고, 시월에 과실이 주렁주렁 열릴 때가 좋다고 할 것이다. 그러나 나는 잎도 열매도 없는 마른가지의 사과나무를 무

한대로 사랑하고 그런 이미지의 인간이 되기를 동경한다. (중략)

윗글은 어떤 여성 시인의 글이고 아래 글은 〈나의 문화유산 답사기〉의 저자 유홍준 님의 글인데 저는 단연 이 글에 끌렸습니다. 어느 해의 늦가을에 부석사를 가면서 인근의 사과밭을 본 적이 있기 때문이었지요. 샛노란 은행잎과 새빨간 사과열매에 뿜어지던 강렬한 색상의 대비. 그러니 도입부부터 영상처럼 다가오며 흡인할 수밖에요. 그 길은 순례자를 맞이하는 부처님의 자비로운 배려라는 생각이 들기도 했다는 표현도 와닿았습니다. 왜냐면 그 길은 부석사라는 유서 깊은 절로 통하는 길이었으니 부처님 얘기가 자연스럽게 와닿았어요. 문단 나누기도 좋았고, 비유도 참신하여 몰입이 잘 되었습니다. 그리고 또 한 가지 흥미로웠던 것은 밑줄 친 3번 문장이었습니다. 만약 필자가 이 문장을 다음과 같이 썼다고 가정해 보십시오.

1) 그러나 사과나무는 될 수 있다.
   혹은,
2) 그러나 사과나무는 될 수 있겠다.
   한데 작가는
3) '그러나 사과나무는 될 **수가** 있을 **것도** 같다.'라고 썼지요.

세 문장을 음미해 보면 뉘앙스가 조금씩 다르다는 걸 알 수 있을 겁니다. 3의 문장은 제 글에서도 종종 볼 수 있는 것이라서 그랬는지 빙긋 웃음이 나기도 했습니다. 모종의 반가움이었을 겁니다. 이 문장을 읽다 보면 작가가 사과나무에 자신을 견주면서 최대한으로 조심하는 겸손의 자세가 보이지요. 설령 필자에게 전혀 그런 소양이 없다거나 누군가 그를 잘 아는 사람이 나타나 '당신이 어떻게 사과나무가 될 수 있단 말이오?'라고 시비를 건다 해도 문제될 게 없을 정도로 말입니다. 작가는 단정적으로 서술하지 않고 '될 **수**가 있을 **것도** 같다.'라고 두 번씩이나 고개를 낮추지 않았던가요.

'아 다르고 어 다르다.'는 말처럼 이런 게 또한 문장의 묘미이기도 합니다. 퇴고의 과정에서 1이 2로 변하고 다시 3으로 낙착을 보게 되는 과정을 통해 작가는 비로소 안도의 숨을 내쉬게도 됩니다. 그럴 땐 자기만족의 미소가 입가에 떠돌기도 하지요. 이건 제 경우이지만 말이에요.

* 오늘의 제언: 덩치는 작아도 문장의 맛을 좌우하는 조사를 잘 관리하자.

같은 소재로 두 가지 글 써보기

 몇 달 전에 써둔 원고 두 편을 꺼내놓고 진종일 씨름을 했습니다. 하나는 15매의 글이었고 또 하나는 몇 줄 쓰다만 원고였지요. 〈행복한 사과〉라는 제목으로 15매를 쓴 글은 그런대로 마쳤는데, 비누를 제재로 쓰려던 글은 제목도 떠오르질 않고 글발이 풀리질 않아 몇 줄 쓰다 중단했습니다. 사람마다 다르겠지만 제 경우엔 앉은 자리에서 끝까지 다 써 내리는 글이 대체로 완성도가 높은 것 같더군요.
 작가에 따라 글을 쓰는 스타일도 각양각색입니다. 반드시 주제가 정해져야 글을 쓴다는 분도 있고, 소재가 있으면 써 나가다가 거기에 알맞은 주제를 설정한다는 분도 있습니다. 또 어떤 분은 제목이 정해져야 글을 쓴다고도 하고, 어떤 분은 다 써놓고 제목을 정한다고도 합니다. 아무튼지 글을 쓰는 사람들은 무의식중에도 글과 관련된 생각을 하는 게 체질화 돼 있다고 볼 수 있지요.

 제목이 정해져야 쓴다는 작가는 아마도 주제 먼저 정해져야 쓰는 경우가 아닐까 싶습니다. 제목엔 작가가 의도한 주제가 내포되기도 하니까요. 저는 후배 작가들에게 곧잘 '제목에 목숨 걸어라.'는 우스갯말을 하곤 했습니다. 그만큼 제목에 신경 쓴다는 말이겠지요. 물론 제목이 좋다고 글 내용까지 반드시 좋은 건 아니지만, 남의 글을 읽을 때도 제목이 마음을 당기면 우선적으로 관심이 가는 건 어쩔 수가 없더군요.

 오늘은 같은 소재로 두 가지 글을 썼던 제 작품을 소개해 보겠습니다. 유사한 내용의 글이 제목에 따라 어떻게 변화하는지를 살펴보시면 K 씨도 제목 달기의 중요성을 알게 될 것 같군요. 또한 제목에 따라 글의 주제가 달라지는 것도 알게 될 것입니다.

 이 두 작품은 모두가 앉은 자리에서 완성한 글입니다. 먼저 쓴 게 '모르포 나비 같은'이고 '내 인생의 색채들'은 그 내용을 조금 달리하여 나중에 쓴 글이지요.

 수필 전문지들이 많다 보니 원고 청탁이 겹칠 때는 원고 보내기가 바쁠 때가 있습니다. 때문에 저는 미발표 원고가 고갈됐을 땐 마치 통장의 돈이 바닥난 것 같은 기분이 되고 맙니다. 〈모르포 나비 같은〉은 〈The 수필〉의 2023 빛나는 수

필가에 선정되기도 했지요,

내 인생의 색채들

어린 시절을 돌이키면 만화경 속 같은 색들이 다투어 몰려든다. 나의 유년기는 전쟁을 치른 뒤라 색상이랄 게 별로 없었다. 내가 살던 집은 적산가옥으로 고동색 나무 집이었고, 자연을 제외한 사물은 대체로 어둡게 퇴락돼 보였다. 그럼에도 그 틈을 비집고 어른거리는 색채들이 있다. 명동 성당에서 보았던 스테인드글라스의 영롱한 색들과 우리 집의 그것이 내뿜던 빛깔들이다.

어느 날 엄마가 뭔가를 들고 오더니 방안에 펼쳤다. 알록달록한 정사각의 모티브를 이어 만든 털실 담요였다. 만화경 속엣 것들이 뻥튀기로 튀어나온 것 같았다. 주홍과 연두와 노랑, 초록과 빨강을 비롯해 황토색과 회색이 배열된 담요는 꽃밭으로 보이다가 원색의 캔디로 아롱거리며 어린 가슴을 들뜨게 했다. 젤리나 사탕을 먹을 때도 초록부터 빼먹었던 시절이니 첫눈에 들어온 건 단연 녹색일밖에. 칙칙한 회색은 왜 넣었나 싶었지만 연두와 주홍이 나란히 있는 걸 보며 예쁘다고 했던 게 생각난다. 초록을 유다르게 편애했던 대여섯 무렵의 이 장면은 흑백 영화 속의 컬러

사진 인양 뇌리에 깊게 남아 있다.

얼마간 그렇게 초록을 애호하며 성장했다. 그러다 내 관심은 점차 빨강으로 옮겨갔고 사춘기를 통과하고 있었다. 반항기라 그랬는지 빨강의 도발성에 매혹되었다. 집안이 기운 것에 대한 반작용으로 의식적으로나마 가슴에 불질을 하고 싶었던 건지도 모른다.

그 불씨를 꺼뜨리지 않겠다는 듯 적색에 대한 선호는 결혼 뒤까지도 지속되었다. 서른에 입었던 빨강 마직 원피스를 마흔 넘도록 지니고 있었던 걸 보면 한동안 적색을 끼고 살았던 모양이다. 하지만 빨강은 자주 입기엔 부담스러운 색상이라 내 옷은 점차 검정을 비롯한 무채색 계열로 변해가기 시작했다. 무난히 입을 수 있는 게 암회색이요 검정이었다.

블랙은 죽음처럼 적막하고 금욕적인 색채이면서도 도회적인 섹시함과 카리스마를 뿜어내는 이율배반의 빛깔이다. 나는 그 두 얼굴을 적절히 구사하며 은밀히 즐기기도 했다. 상복의 검은색이 파티 드레스로 변환될 때의 그 치명적인 화려함을 보면 화가 르누아르가 어째서 블랙을 색의 여왕이라고 치켜세웠는지 알 것 같았다.

그즈음의 어느 겨울날이었다. 한 친구가 코발트블루 코트를 걸치고 나를 찾아왔다. 눈에 확 들어오는 그 빛깔은 친근하지 않은 색이었다. 유년기의 담요에도 청(靑)은 없었기에 그 색상은 나와는 애당초 거리가 있었다. 때문인지 친구 옷이 내 눈엔 춥게만 보였는데 친구는 그 색을 가장 좋아한다고 했다. 사람이 특정 컬러를 선호한다 해서 그게 일상의 옷으로 연결되지는 않는다. 자신의 피부색도 감안해야 하고 주변의 이목도 살펴야 하기 때문인데 친구는 자기 기호에 따르는 것 같았다.

이랬던 내가 청색에 빠져들기 시작한 건 십여 년 전 일이었다. 하루는 나비 전시장엘 가게 되었다. 전시장에 머무는 동안 형형색색의 디테일한 아름다움에 빨려 들었다. 평소 나는 나비를 곤충이라 부르지 않았다. 나비는 날아다니는 꽃잎 아닌가. 호랑나비, 노랑나비, 흰나비, 붉은 점 모시나비, 산꼬마 부전나비…. 온갖 나비들이 시선을 끌었지만 어느 지점에 이르자 갑자기 뭔가가 나를 당기는 듯했다. 2미터쯤 떨어진 지점에서 뿜어 나오는 현란한 청색들! 나는 그만 유인되듯 그곳으로 걸음을 옮겼다. 처음 보는 나비였다. 그들은 크거나 작은 날개로 저마다 푸른빛을 띠었지만 색감은 각기 달랐고 '모르포 나비'라는 이름을 달고 있었다. 청(靑)인 듯 녹(綠)으로, 녹(綠)인 듯 흑(黑)으로 분광하는 나비 날개 빛. 이 빛깔을 대체 뭐라 불러야 할지 몰라 떠오르는 청색의 이름들을 모두 불러보았다. 머린, 인디고, 프러시안, 코발트, 오리엔탈…. 한데 저 나비들은 자기가 그런 색을 내뿜는다는 걸 알고나 있을 것인가.

그날을 계기로 내 집안엔 전에 없던 컬러들이 등장하기 시작했다. 찻잔이나 식기에 블루를 곁들이고 집안 소품에도 푸른 색상을 들여놓았다. 금기시했던 청색을 내 의상에도 불러들여 목엔 쪽빛 스카프를 두르고 데님 팬츠를 장만하고 군청색 티셔츠를 사 입었다. 황인종의 전형적인 피부색을 지닌 내게도 청색이 무리 없이 받는다는 걸 그제야 알았다. 아쉽게도 모르포 나비의 블루는 눈에 뜨이질 않았다. 그러던 어느 날, 작은 침구점에서 피콕블루(수컷 공작의 목과 가슴에서 볼 수 있는 녹색 같은 청색) 쿠션을 발견했다. 쿠션은 화학섬유였지만 실크 광택을 내며 방향에 따라 홀로그램처럼 색이 바뀌었다. 나는 두 개 남은 그 쿠션을 사들고 왔다.

돌이켜 보니 내 삶은 색상의 층위로 연대가 나누어지는 듯하다. 또한 그 색상들은 내 심리와 기분을 투영하는 것이기도 했다. 나뿐이겠는가. 색채란 정치에도 이용되며 개인이 삶에 변화를 주고 싶을 때도 곧잘 불림을 받았다. 나는 초록과 빨강과 검정을 좋아했으며 뒤늦게 청색에 빠져 모르포 나비 색감을 찾아 나서기도 했다. 청에 맞들인 다음 비로소 무채색 옷의 틀을 깨뜨리게 되었고 보다 다양한 시도를 펼쳐나갔다. 한정된 색상에만 갇혀 지냈다는 생각이 뒤늦게야 들었다. 오랜 세월 검정 위주로 옷을 입어 왔던 때문인지 처음엔 내 정체성이 사라지는 듯했지만 그 복합성이야말로 인생일지 모른다.

이제 이 황혼 시기 마저 떠나보내고 나면 내가 선택할 마지막 색채는 순백이 되지 않을까. 하얀색, 그건 백지 같은 무(無)로 환원되는 것이자 또 다른 출생을 의미하는 시원의 빛깔이 아닌가 싶은 것이다.

모르포 나비 같은

　엄마가 뭔가를 들고 오더니 방안에 넓게 펼쳤다. 알록달록한 정사각의 모티브를 이어 만든 털실 담요였다. 만화경 속옛 것들이 뻥튀기로 튀어나온 것 같았다. 주홍과 연두와 노랑, 초록과 빨강을 비롯해 황토색과 회색이 배열된 담요는 꽃밭처럼 보이다가 원색의 캔디로 아롱거리며 어린 가슴을 설레게 했다. 젤리나 사탕을 먹을 때도 초록부터 빼먹었던 시절이니 첫눈에 들어온 건 단연 녹색일 수밖에. 칙칙한 회색은 왜 넣었나 싶었지만 연두와 주홍이 나란히 있는 걸 보며 예쁘다고 했던 게 생각난다. 초록을 유다르게 편애했던 대여섯 무렵의 이 광경은 흑백 영화 속에 나온 컬러 장면인양 뇌리에 깊게 남아 있다.
　얼마간 그렇게 초록을 애호하며 성장했다. 그러다 내 관심은 점차 빨강으로 옮겨갔고 사춘기를 통과하고 있었다. 반항기라 그랬는지 빨강의 도발성에 현혹되었다. 기울어진 가세(家勢)에 대한 반작용으로 의식적으로나마 가슴에 불질을 하고 싶었던 건지도 모른다.
　그 불씨를 꺼뜨리지 않겠다는 듯 적색에 대한 선호는 결혼 뒤까지도 얼마간 지속되었던 것 같다. 서른에 입었던 빨강 마직 원피스를 마흔 넘도록 지니고 있었던 걸 보면 한동안 적색을 끼고 살았던 모양이다. 하지만 빨강은 자주 입기엔 부담스러운 색상이라 내 옷장은 검정을 비롯한 무채색 계열로 변해가기 시작했다.

무난히 입을 수 있는 게 암회색이요 검정이었다.

　블랙은 죽음처럼 적막하고 금욕적인 색채이면서도 도회적인 섹시함과 카리스마를 뿜어내는 이율배반의 빛깔이다. 상복(喪服)의 검은색이 파티 드레스로 변환될 때의 그 치명적인 화려함을 보라. 화가 르누아르는 블랙을 색의 여왕이라고까지 치켜세웠다고 하지 않는가.

　그즈음의 어느 겨울날이었다. 한 친구가 코발트블루 코트를 걸치고 나를 찾아왔다. 눈에 확 들어오는 그 빛깔은 친근하지 않은 색이었다. 유년기의 담요에도 청(靑)은 없었기에 나와는 애당초 거리가 있었다. 때문인지 친구 옷이 내 눈엔 춥게만 보였는데 친구는 입고 온 옷 색깔을 가장 좋아한다고 했다. 사람이 특정 색을 선호한다 해서 그게 일상의 옷으로 연결되지는 않는다. 자신의 피부색도 감안해야 하고 주변의 이목도 살펴야 하기에 좋아하는 색과 즐겨 입는 의상 색깔이 일치하지 않는 경우도 많은데 친구는 자신의 기호에 따르는 것 같았다.

　이랬던 내가 청(靑)에 빠져들기 시작한 건 십여 년 전 일이었다. 하루는 나비 전시장엘 가게 되었다. 전시장에 머무는 동안 형형색색의 디테일한 아름다움에 빨려 들었다. 평소 나는 나비를 곤충이라 부르지 않았다. 나비는 날아다니는 꽃잎 아닌가. 호랑나비, 노랑나비, 흰나비, 붉은 점 모시나비, 산꼬마 부전나비…. 온갖 나비들이 시선을 끌었지만 어느 지점에 이르자 갑자기 뭔가가 나를 당기는 듯했다. 2미터쯤 떨어진 지점에서 뿜어 나오는 현란한 청색들! 나는 그만 유인되듯 그곳으로 걸음을 옮겼다. 처음 보는 나비였다. 그들은 크거나 작은 날개로 저마다 청색을 띠었지만 색감은 각기 달랐고 '모르포 나비'라는 이름을 달고 있었다. 청(靑)인 듯 녹(綠)으로, 녹(綠)인 듯 흑(黑)으로 분광하는 나비 날개 빛. 이 빛깔을 대체 뭐라 불러야 할지 몰라 떠오르는 청색의 이름들을 모두 불러보았다. 머린, 인디고, 프러시안, 코발트, 오리엔탈…. 한데 저 나비들은 자기가 그런 색을 내뿜는다는 걸 알고나 있을 것인가.

그날을 계기로 내 집안엔 전에 없던 컬러들이 등장하기 시작했다. 찻잔이나 식기에 블루를 곁들이고 집안 소품에도 푸른 색상을 들여놓았다. 금기시했던 청색을 내 의상에도 불러들여 목엔 쪽빛 스카프를 두르고 데님 팬츠를 장만하고 군청색 티셔츠를 사 입었다. 황인종의 전형적인 피부색을 지닌 내게도 청색이 무리 없이 받는다는 걸 그제야 알았다. 아쉽게도 모르포 나비의 블루는 눈에 뜨이질 않았다. 그러던 어느 날 한 작은 가게에서 피콕블루(수컷 공작의 목과 가슴에서 볼 수 있는 녹색 같은 청색) 쿠션을 발견했다. 쿠션은 화학섬유였지만 실크 광택을 내며 방향에 따라 홀로그램처럼 색이 바뀌었다. 나는 두 개 남은 그 쿠션을 사들고 왔다.

돌이켜 보니 내 삶은 색상의 층위로 연대가 나누어지는 듯하다. 초록과 빨강과 검정을 좋아했으며 뒤늦게 청색에 빠져 모르포 나비 색감을 찾아 나서기도 했다. 청에 맛들인 다음 비로소 무채색 옷의 틀을 깨뜨리게 되었고 보다 다양한 시도를 펼쳐나갔다. 한정된 색상에만 갇혀 지냈다는 생각이 뒤늦게야 들었다. 오랜 세월 검정 위주로 옷을 입어왔던 때문인지 처음엔 내 정체성이 사라지는 듯했지만 그 복합성이야말로 인생 아닐까 싶었다.

며칠 전이다. 금년에 출간된 내 작품집을 읽은 J 선배로부터 이메일이 날아왔다. 그녀는 책을 완독한 뒤 내가 왠지 한 마리 모르포 나비로 연상되었다고 썼다. 순간 내 안에서 뭔가가 날갯짓을 하며 파닥거리는 것 같았다. 선배의 속뜻이야 여하 간에 과분하단 느낌이 들기도 했다. 하지만 모르포 나비도 날개의 구조 때문에 그리 보이는 것일 뿐 날개엔 정작 그 환상적 색소가 없다 하지 않던가. 뿐더러 날개의 안쪽은 섬뜩한 눈알 무늬로 반전을 이루지 있지 않은가. 모르포 나비의 생존 전략이었을 것이다. 그렇다면야 못 이기는 척 그 선배의 말을 수용해도 큰 무리는 없겠다 싶은 생각이 들었다. 누가 알랴, 실은 우리가 타인들에게서 보고 느낀 그 색채 또한 착시거나 환영이었는지.

* **오늘의 제언: 같은 소재로 다른 주제의 글 써보기.**

필력과 작가의 함량

제 책상 주변의 노트 얘기를 기억하실 겁니다. 그 노트들의 도움을 많이 받았다는 사실도 아울러서요. 일반적으로 쓰는 수필 한 편은 15매 정도이지만 저는 이 짧은 글 한 편을 쓸 때마다 참고가 될 만한 책자를 들추거나 메모들을 살펴보곤 합니다. 잘 알고 있는 것도 다시 살피며 확인하는데 혹시라도 글에다 잘 못 전달하는 사태가 생길까 염려되기 때문입니다. 말하자면 돌다리도 두드려보는 격이라고나 할까.

한데 노트들이 워낙 많다 보니 곧잘 삼천포로 빠지는 경우가 있습니다. 미술에서, 음악으로, 음악에서 철학으로, 다시 종교로…. 그러니까 제 글 한 편엔 이런 토막 지식의 축적물들이 빙산의 밑동처럼 보이지 않게 밑받침되어 있는 셈이지요. 마치 높은 건물을 올릴 때 땅 밑을 파 들어가 기초 작업하듯 말입니다. 어느 날은 잠깐만 들여다본다는 게 반나절을 넘길 때가 있어요. 그런 날은 시간 낭비한 것 같아 노트에 허비(?)한 시간을 아까워하면서도 한편으론 그게 다 글을 뒷받침하는 기초가 될 거라며 자위하곤 합니다. 모르긴 해도 다른 작가들도 유사하지 않을까 싶군요.

지난번에도 말했듯 등단 작가 중에는 글을 쓰려 해도 안 써져서 고민하는 분도 있지만, 일상에 쫓겨 글 쓸 시간이 없음을 토로하며 안타까워하는 분들도 있습니다. 그럴 때마다 제가 하는 대답은 이러했지요.

"진정 글을 쓰고 싶어 하는 마음이 있다면 글을 안 쓰고 있어도 실은 글을 쓰고 있는 거라 생각해요. 그 사실을 기억하시길…."

그러면 상대방은 이렇게 묻습니다.

"글을 안 써도 쓴다니요?"

그에 대한 저의 대답은,

"그런 이들은 글을 쓰지 않는 경우에도 그의 눈에 포착된 세상사와 사물들이 가슴에 각인되기 마련이고 언젠가는 그것이 글로 표출되기 때문이죠. 작가가 글을 쓸 땐 사는 동안 가슴에 안착돼 있었거나 부유하던 그 기억의 파편들이 작품 성격에 따라 하나둘씩 건져올려지는 것일 테니까요. 그러니까 우리 모두는 살아온 세월과 그 시간만큼의 글감들을 누구나 자기 안에 보유하고 있는 겁니다. 하지만 그 파편들이 달아나고 망각되지 않도록 짧게 메모 정도는 해두는 게 좋겠지요."

이 말은 단순히 위로 차원으로 한 게 아니라 실제로 그렇다고 생각합니다. 사실 K 씨에게 이 편지를 써나가며 새삼 놀란 게 있었지요. 이 글을 쓰게 된 건 지난 10월 중순쯤 해드림출판사(수필 in) 이승훈 대표께서 글쓰기 초보자들을 위한 원고 하나 써달라고 하시어 시작된 거긴 하지만 애초 분량을 정해준 건 아니었습니다. 저 또한 몇 편을 쓰겠다는 계획이 없었고요. 이게 어느 날 불쑥 카톡 문자 하나로 시작된 거였으니 무슨 계획이 있었겠습니까.

한데 그간 제게 글쓰기 지도를 받은 적이 있는 분들에게 받았던 질문들을 떠올리며 첫 꼭지 글을 풀다 보니 할 말들이 실타래 풀리듯 술술 나오는 거였습니다. 때문에 첫 꼭지의 도입부부터 어깨의 힘을 빼고 저를 찾아왔던 이들에게 얘기하듯이 써 내렸습니다. 그러다 보니 한 편만으론 도저히 안 되겠구나 싶어 연재를 하게 됐던 거지요. 이 연재가 얼마나 더 나갈 것인가 하는 건 아직 잘 모르겠습니다. 써야 할 다른 글들도 있으니까요.

제 작품을 관심 있게 보신 독자들이라면 글 내용에 문학 및 음악과 미술 얘기들이 간간이 보이는 걸 알 수 있을 겁니다. 그 세 가지 분야는 초등학교 시절부터 내 기저에 깔려 있었기에 무의식중에 떠오릅니다. 저는 본디 미술과 글짓기에 취미가 있었고, 초등학교 4학년 때부터는 교내 합주부 일원이 되어 일찌감치 클래식 음악을 접했으니 글로 풀려나오는 거겠지요. 글을 쓰려는 사람들은 잡학(雜學)에도 관심을 기울여 보는 게 도움이 됩니다. 세상사라는 게 워낙 복잡 다양하니 말입니다.

오늘은 〈떠난 그대 서랍을 열고〉에 나오는 졸고 〈우는 여자〉 한 편을 소개하고 편지를 마칠까 합니다. 이 글은 15년 전쯤 우울기를 보낼 때의 하루 심경을 가감 없이 써 내린 글입니다. 실컷 울고 나서 마음이 가라앉은 다음 쓰기 시작한 글이고 평소 제 습관처럼 앉은 자리에서 다 썼어요. 한데 글을 쓰는 도중에 자연스레 피카소 그림이 떠올랐고 민모션 증후군(감정 억제 증후군)과 이해인 수녀님의 시가 생각났습니다. 평소 미술에 관심이 있었으니 피카소가 떠오르고, 과거에 정신건강의학과 병원에 근무한 적이 있어 민모션 증후군이 생각난 것이고, 언젠가 이해인 수녀님의 시를 읽은 적이 있었기에 이런 요소들이 글 속에 함께 버무려진 것이겠지요.

결국 글이란 더도 덜도 아닌, 작가의 경험과 함량만큼 풀려나오는 거라 보면 되겠습니다. '나의 언어의 한계는 나의 세계의 한계를 의미한다.'라고 철학자 루트비히 비트겐슈타인은 말했습니다. 그러니 글을 쓰고 발표한다는 건 한편으론 두렵기도 한 일이지요. 작가들이 늘 긴장을 놓지 않고 노력해야 할 이유가 여기에 있다고 생각합니다. 나의 언어의 한계는 나의 세계의 한계라는 말을 다시 한번 입속으로 뇌어보게 되는군요.

우는 여자

달랑, 한 장 남은 달력을 보다가 지인들에게 전화를 걸었다. 또 한 해가 저물고 있으니 뭔가 마무리를 해야 할 것 같았다. 한참 동안 말을 주고받은 것 같은데 정작 아무 말도 하지 못한 기분이 들었다. 통화는 공허하고 지리멸렬했다. 그들은 입이라도 맞춘 것처럼 내가 건넨 인사말에 "잘 지내셨죠?" 혹은 "별일 없으시죠?"라는 말마디만 짧게 던지곤 이내 자신의 남편과 자식들에 대한 화제로 진입하며 내가 말할 기회를 원천봉쇄하였다. 나는 상대방 얘기에 아, 네, 그랬군요, 하는 가벼운 추임새를 넣다가 적당한 시점에서 전화를 끊었다. 아무와 아무 얘기도 할 수 없었던 날, 사는 게 참으로 허허롭던 날, 차라리 아무에게 아무 전화도 안 한 것이 더 나았을 날, 육신마저 시름시름 아프던 날이었다.

전화를 하기 전, 실은 심사가 축축하여 기분전환 겸 전화를 한 거였는데 본전은커녕 종잣돈마저 날려버리고 말았다. 나이 탓인지 시도 때도 없이 눈가가 젖어들 때가 있다. 장소도 가리지 않고 거리에서도 곧잘 눈물을 질금거린다. 하기야 나는 본디 눈물이 많은 편이었다. 잘 여문 봉숭아 씨방처럼 미세한 감동이나 자극에도 누선이 맥없이 터지곤 했다.

한데, 그대들, 정말 웃겼다. 나는 지금 '웃프다'. 그대들은 어쩌자고 남편과 사별한지 고작 반년도 안 된 내게 잘 지냈을 거라고 일방적으로 몰아간단 말인가. 그대들은 내 아픈 기억을 상기시키지 않으려 일부러 그랬는지 모른다. 또한 평소의 내가 워낙 '쿨'하게 처신한 게 그대들을 무감각하게 만든 원인인지도. 하지만 이해는 나의 뇌리가 억지로 꿰맞춘 것일 뿐 가슴은 바람 부는 황야에 홀로 선 나무처럼 쓸쓸했다.

매양 먹는 세 끼의 밥이 어느 날은 입에 달고 어느 날은 껄끄럽듯 허구한 날 고만고만하게 돌아가는 일상도 어느 날은 달착지근하고 어느 날은 왜 그리 시고 떫은가 모르겠다.

다시 대화 상대를 찾아본다. H가 떠오르기도 했지만 그 친구는 환자를 보느라 여념이 없을 터다. 아니 설령 시간이 있다 해도 오늘은 더 이상 누구와도 노닥거릴 마음이 아니다. 이해인 수녀의 시 한 편이 떠올랐다.

어느 날
혼자 가만히 있다가

갑자기 허무해지고
아무 말도 할 수 없고
가슴이 터질 것만 같고
눈물이 쏟아지는데
누군가를 만나고 싶은데
만날 사람이 없다

(이해인의 시 '어느 날의 커피' 중에서)

이 시인의 마음과 나의 그것을 포개놓으면 한 치 오차도 없이 맞아떨어질 것만 같다. 어찌 이 시인뿐일까. 외로움이란 인간 삶을 구성하는 요주의 감정이며 실은 너나없이 외롭다. 나는 내게 소리 내어 말을 건네었다. 오늘은 그냥 혼자 가만히 있자고. 펑펑 울고만 싶다고. 그럼, 울어보라고, 아무도 없으니 실컷 울어보시라고. 나는 내게 울음을 허락하곤 울음에 시동을 걸었다. 소리죽여 흑흑 울고 황소처럼 엉엉 울기도 했다. 아이처럼 소리 내며 적나라하게 울었다. 피카소의 그림 〈우는 여자〉 뺨치게 안면이 이지러지게 울었다. 울음에 충실해지기 위해 울어야 할 이유들을 끄집어내며 울었다. 그동안 자신을 안으로 구겨 넣기만 했던 걸 애도하며 울었다. 어른으로 산다는 건 참으로 고달픈 거라고 어깨를 들썩이며 울었다. 자식에게 서운하여 한 마디 뱉고 싶다가도 표정

관리가 안 될 것 같으면 아예 덤덤한 척 입을 다물곤 했다면서 그런 내가 애잔하여 울었다. 이어서 한 무례한 인간에 대한 참았던 분노가, 자신에 대한 어떤 절망이 가세하며 눈물이 범람했다. 몸이 온통 눈물로만 채워져 있는 것 같았다. 이 많은 눈물이 다 어디에 고여 있다가 이렇게 방출되는 건지 모를 노릇이었다.

얼마나 지났을까, 눈물이 드디어 바닥을 쳤다는 듯 울음소리가 절로 잦아들었다. 주저앉을 듯 무겁던 하늘이 소나기 긋고 난 뒤 푸르름을 되찾는 것처럼 내 기분도 말갛게 씻겨나간 것 같았다. 한바탕 눈물을 쏟고 나니 울 수 있는 자신이 새삼 고맙게 여겨졌다. 정신과 환자들 중엔 울고 싶어도 눈물이 안 나온다는 사람들이 있지 않은가. 기쁘거나 슬퍼도 감정 분출을 못하는 '민모션 증후군'이라는 증상도 있고.

나는 맹맹해진 코를 팽 풀고는 매무새를 다듬으며 마무리 작업으로 식탁 위 갓스탠드의 불을 환히 밝히고 찻물을 끓이기 시작했다. 오늘 같은 날, 가장 필요한 건 바로 나 자신이었을지 모른다. 진즉에 나를 부르고 나를 만날 일인 것을 괜스레 이 사람 저 사람 불러대고 혼자 바람맞았다. 벗들을 찾는 대신 눈물을 불러들인 건 아주 잘 한 일이었다.

* 오늘의 제언: 빙산의 밑동처럼 작품의 기초 작업을 든든히 하자.

글쓰기와 요리하기

 이제까지 써나간 걸 보니 수필에 대한 얘기가 많이 나왔더군요. 아무래도 제가 오랜 세월 수필가로 활동했기 때문일 겁니다. 그러나 수필 쓰기도 글쓰기의 일종이고, 글쓰기의 기본 개념은 서로 통할 것이니 나름대로 새겨들으면 되겠습니다. 모든 글은 일단 필자가 세상을 향해 들려주고 싶은 말이 있어 시작되는 것이고, 말하고 싶은 핵심 생각이 글의 주제가 될 것이니까요. 다만 쓰려 하는 게 어떤 글이냐에 따라 접근 방법과 작법의 차이를 두어야겠지요.
 일상 안에서 우리가 접하는 글의 종류들을 생각해 봅니다. 굳이 문학적 요소가 없이도 쓸 수 있는 글로는 낙서, 메모, 편지, 일기, SNS 글쓰기(댓글), 리포트, 칼럼, 논문 등이 있겠고, 문학으로 넘어가면 시, 소설, 수필, 문학평론, 시나리오 등이 있습니다. 그 글이 어떠한 것이든 거기엔 글쓴이의 의도와 목적이 담기게 마련이고, 작가의 의도가 독자에게 제대로 전달되려면 우선 문장을 정확히 구사하는 힘을 기본기로 기르고 작법도 숙지해야겠지요.

흔히 글쓰기를 요리에 비유하기도 합니다. 글을 잘 쓰는 사람들은 요리도 잘 하더라는 말이 있을 정도이지요. 하여 저도 글을 잘 쓰는 여성작가들에겐 곧잘 요리를 잘 하느냐 묻기도 했답니다.

요리를 만들 때 가장 먼저 정하는 것은 음식의 품목입니다. 만약 닭찜을 만들겠다고 한다면 주재료인 닭과 부재료인 야채와 양념 등이 필요할 겁니다. 맛 좋은 닭찜을 만들려면 우선 신선하고 크기가 알맞은 닭을 골라야 할 것이고, 거기에 넣을 채소를 당근으로 할 것인가, 감자로 할 것인가, 양파로 할 것인가, 혹은 그 모두를 다 할 것인가를 정하겠지요. 또한 야채의 배합을 각각 어떤 양으로 해야 적절할 것인지를 가늠한 후에 간도 알맞게 맞춰야 할 것입니다. 사전에 그 음식을 먹을 사람의 기호(자기 글을 읽을 대상)까지 염두에 둔다면 더욱 바람직하겠지요. 그러나 모든 재료를 알맞게 준비했다 해도 요리하는 당사자만의 손맛을 빼놓을 수는 없습니다.

이와 마찬가지로 글을 쓸 때 역시 써나가며 기술했던 다양한 사연들 중에서 글의 주제를 보다 잘 살려낼 수 있는 화소를 취사선택하고 양을 조절하여 글맛을 살려가야 합니다.

음식도 그렇지만 글이 필자의 손을 떠나 독자에게 닿으면 호, 불호가 나뉠 수도 있습니다. 감칠맛이 도는 음식은 접시가 얼른 바닥나듯 글 역시도 단숨에 빨려들며 읽히는 글이 있는가 하면 몇 줄 읽다가 읽을 마음이 사라지는 글들도 많습니다. 어떤 형식의 글이 되었든 결국은 읽는 이의 흥미를 이끌어내야만 독자의 눈길이 떠나지 않을 겁니다.

음식 중엔 겉보기만 화려하고 별 맛이 없는 게 있는가 하면 외관은 별 볼일 없어도 깊은 맛이 있어 사람의 미각을 당기는 것이 있습니다. 맛은 좋으나 영양학적으론 도움이 안 되거나 해로운 음식도 있고, 미각적 쾌감은 없어도 몸에 유익한 음식이 있습니다. 양념이나 고명을 지나치게 많이 쓰면 음식 맛에 역효과가 나듯 문장을 지나치게 꾸미는 것 또한 이와 유사하겠지요.

어느 정신과 의사에게 이런 말을 들은 적이 있습니다. 환자들을 면담할 때 감정에 빠져 슬픔이나 원망 등을 흥분조로 마구 쏟는 환자보다는 자기감정을 절제하다가 마침내 주체하기 어려워 눈가에 물기가 어리는 환자들을 볼 때 더 진한 연민과 공감으로 가슴이 먹먹해온다고요. 때로는 나직한 소리의 말과 간결하고 굵직한 한 마디가 더 많은 울림을 주는 것처럼 문장을 다룰 때 또한 크게 다르지 않을 겁니다.

요리의 고수들은 음식을 만들 때 무엇이 필요하고 무엇이 불필요한 것인지를 직감으로 압니다. 그것은 절로 되는 게 아니라 수많은 경험을 통해 얻어진 결과겠지요. 음식을 어떻게 조리했을 때 감칠맛이 나고 반응이 좋았는지, 혹은 그 반대였는지를 감안하며 터득해갔을 겁니다. 글을 쓸 때 역시도 자기 글을 타인에게 내보이며 맛을 품평해달라고 해야 자기 글을 객관적으로 볼 수 있는 눈이 열립니다. 특히나 초보자에겐 이 과정이 필수라고 생각합니다. 글을 읽은 후, 음식 맛을 품평하듯 간이 세다, 양념이 진하다, 싱겁다, 외화내빈(外華內貧)이다, 등의 반응이 나오면 본인의 생각과 반대되거나 동의할 수 없는 의견을 보이더라도 일단 모든 의견을 메모한 뒤 퇴고할 때 참고하십시오.

또 한 가지 유념할 것은, 글을 쓸 때면 자기 현시 욕구가 은연중 발동되기도 합니다. 기실 글을 쓰고 발표한다는 일 자체가 그런 행위 아니겠는지요. 내 말 좀 들어 봐. 내 생각은 이렇거든. 파란만장했던 내 사연 좀 들어줄래? 같은 것도 있을 테고, 심심풀이 간식 같은 얘기를 하고 싶어 하는 사람도 있을 테고, 나는 이렇게 수준 있고 근사한 사람이야. 나는 너희보다 잘나가는 인생을 살아온 상위의 인간이라고… 등의 자랑을 하고 싶은 사람도 있을 테고, 보다 이상적인 세상을 위해, 인간을 교화하기 위해, 부패한 사회를 성토하기 위해 글로써 일갈하는 사람도 있을 겁니다. 경위야 어떻든 간에 내 얘기를 하고 싶다는 것에서 비롯되었고 글을 쏟다 보면 자신을 내세우고 싶어지기도 합니다. 하지만 인간은 자신에 대해선 자랑하고 싶어 하면서도 남의 자랑 듣는 것은 달가워 않는 이율배반적 요소가 깃들여 있지요.

대화할 때와 마찬가지로 글을 쓸 때도 자랑스러운 경력이나 치적에 대해 기술할 때면 마음이 그 당대로 돌아가 절로 힘이 들어갑니다. 한데 일상적 대화는 듣는 상대가 많더라도 그 순간이 지나면 말이 사라지지만 글은 활자로 심어집니다. 나중에 후회가 되도 해명하기가 힘든 만큼 미리 유의해야겠지요.

명예욕 앞에선 어느 누구도 자유스러울 수가 없어선지 자랑을 하지 않는다고 자처하는 사람들조차 '나는 내 자랑을 하지 않는다'는 자랑을 한다고 합니다. 기왕 자랑에 대한 얘기가 나왔으니 그에 얽힌 저의 에피소드 한 자락을 소개하겠습니다.

마흔 중반에 글 한 편을 써서 문우들과 합평 시간을 갖던 날의 일입니다. 저는 거울을 소재로 글을 썼는데, 멤버 중의 가장 젊은 미혼 여성이 제 글 중의 한 대목을 지적하며 고쳤으면 좋겠다고 하더군요. 거울은 실제 몸매보다 날씬하게 보이는 게 있고 그렇지 않은 게 있는데, 나는 날씬한 편에 속하면서도 기왕이면 가늘게 보이는 거울을 선호한다는 내용이었지요. 글에서 자신을 날씬하다고 단정한 것도 아니요 한풀 죽여 '날씬한 편'이라고 했건만 그녀는 그게 자랑으로 느껴진다는 거였어요. 그 시절의 저는 실제로 날씬했습니다. 165cm에 50kg이었으니까 중년 여성치고는 날씬했지요. 그래서 처음엔 '날씬한데도'라고 썼다가 퇴고하며 '날씬한 편인데도'라고 고쳐 쓴 거였습니다.

독자들의 입맛은 십인십색이기에 그 요구를 다 들어줄 수는 없고 그럴 필요도 없습니다. 그럼에도 인간들의 처지가 모두 다르니 만큼 자신을 드러내는 일에는 신중해야 하겠습니다. 그 젊은 친구를 떠올려 보니 작은 키에 통통한 체구였어요. 사람들이 일상에서 가볍게 하는 말이 어떤 이에겐 본의 아닌 치명타가 될 수 있듯 글도 그럴 수 있다는 걸 알았습니다. '좋은 글을 쓰는 것은 내 안에 풍부한 내적 타자를 갖추고 그들과 끊임없이 대화하는 것'이라고 우치다 타츠루는 그의 저서에서 말했지요. 다시 한번 그 말을 새겨봅니다.

삼십 대의 젊은 나이에 남편과 사별했던 어떤 여성은 자녀의 일로 학부형을 만날 때마다 한동안 상처를 받았다고 하더군요. 모임에 나갔다가 남편 얘기가 나오면 자긴 할 말이 없어지고, 아빠 없는 자식이 새삼 안쓰러워지는가 하면, 부부

동반 여행담을 즐겁게 늘어놓거나 퇴근길에 남편들이 모임 장소 근처로 픽업하러 오겠다는 말을 주고받을 때엔 왕따를 당하는 것 같아 언짢아지곤 했다는 겁니다. 그녀가 지나치게 민감한 것 같긴 했지만 풀잎으로도 손가락을 베일 수 있는 게 인간 아니던가요.

 글을 쓰는 건 개인적 작업이지만 인쇄된 글은 작가 개인에 그치지 않고 나와 너를 넘어 '우리'로까지 공감대를 확산할 수 있는 요소를 지녀야 합니다. 버지니아 울프는 '문학이란 우리의 불만에 대한 기록이다'라는 말을 했습니다. 글이란 인간 희로애락 및 불만의 기록이기도 하지만 동시에 그 글을 읽는 이들을 공감하게 하고 위로할 수 있어야 할 것입니다. 더 나아가 독자를 치유하고 내적 성장을 돕는다면 금상첨화겠지요.

* 오늘의 제언: 글을 쓸 때는 역지사지의 자세로 쓰기.

글쓰기는 예금하다

'무형의 재산'이란 말이 있습니다. 재화(財貨)는 아니지만 자신만이 지닌 특기라든지 호감을 느끼게 하는 성품도 무형이 재산이 될 수 있을 겁니다. 그렇다면 글쓰기를 잘 한다는 것도 무형의 자산이 될 수 있겠지요. 더 나아가 이 기능을 잘 살리기만 한다면 글로써 수입 창출까지도 기대할 수 있을 테고요. 요즘은 다양한 발표 매체를 활용해 글쓰기를 하다가 책을 엮는 사람도 있고, 개인의 블로그가 알려져 출판사에서 출간 섭외를 해오는 경우도 있는 모양입니다.

거듭되는 얘기지만 살아가며 많은 이들이 한 번쯤은 입에 올렸음직한 말인, '내가 살아온 걸 글로 쓰면 소설책 몇 권은 나올 것이다'를 음미해 보면 인간은 누구나 잠재적 작가라는 생각이 들기도 합니다. 다만 그것을 글로 적느냐 아니냐의 차이겠지요. 삶을 글로 적어놓으면, 짤막한 메모이든 일기이든 수기이든 그 기록의 흔적들로 하여 사라져간 시간과 사건들이 다시금 제자리로 소환되어 그 순간을 재생해 줍니다. 강자와 승자들만 부각되는 현실 세계와 달리 글 속에선 마이너 인생의 비루함이나 외롭고 고통스러운 상황까지도 작품을 빚는 좋은 자료가 된다는 것입니다. 작가는 부끄러움을 파는 사람이라는 말까지 있잖아요.

 평소에 뭐든지 기록하길 좋아하셨던 저의 친정어머니는 평생 동안 꾸준히 일기와 가계부를 써오셨는데, 친척에게 빌렸던 돈을 갚았음에도 훗날 친척이 갚지 않았다고 우기는 바람에 오래전의 가계부를 찾아 보여주므로 해결하신 적이 있습니다.

 제가 엮은 〈어머니의 불〉 또한 친정어머니가 쓰셨던 빈곤하고 처절했던 삶의 기록들을 발췌하여 출간한 책이었지요. 우리 가족이 겪은 가난은 그야말로 살과 혼을 파고드는 것이었기에 어머니의 문장 솜씨와 상관없이 읽는 이의 눈시울을 젖어들게 했습니다. 머리의 언어가 아닌 몸과 가슴의 언어였던 겁니다. 아르코 우수도서로 선정되는 기쁨을 누렸던 그 책의 프롤로그에는 다음과 같은 구절이 나옵니다.

 '등잔을 켤 석유마저 떨어졌던 어느 날 밤 마루에서 우리 삼남

매가 도란도란 얘기를 나누는 대목을 읽을 땐 가난 속의 그 훈감함이 왠지 숨 막히도록 아름다워 울컥했고, 불빛 없는 어둠 속에서 우리들의 눈동자가 서로를 향해 반짝였을 것을 상상하며 목이 메었다. 서글퍼서가 아니었다. 그건 아무리 남루하고 고달픈 삶일지언정 그 속에서도 사막의 샘 같은 감미와 위로가 깃들 수 있다는 걸 발견한 데서 오는 감회의 눈물이었다.'

수십 년 전의 이런 기록들을 읽을 땐 마치도 앨범 속의 희미하게 빛바래진 흑백사진을 보는 듯하더군요. 사진은 단 한 컷에 머물고 말지만 글은 세세한 가지를 쳐가면서 심리적 풍경까지도 복원해 줍니다. 속절없이 흘러가는 삶의 시간 속에 망실됐던 부분들이 글이라는 창고 안에 보관되어 있다가 다시 그 순간을 돌려주는 겁니다.

제 손녀에 대해 썼던 〈천둥 치던 날〉이라는 작품엔 이런 내용도 나옵니다.

'이 글을 내 손녀가 보게 될 날이 그 언제일까. 사진이야 아들 며느리가 원도 없이 찍어놨으니 할머니가 남겨 줄 건 이런 게 아닌가 싶다.

아가야, 내 손녀야, 어느 훗날, 네가 지금의 너 만한 아이의 어미가 되었을 때, 아니면 이 할미가 네 곁에 있을지 없을지 가늠조차 할 수 없는 더 먼 훗날, 네가 너 만한 아이의 할머니가 되었을 때, 이 글을 보며 세월에 마모되었던 네 모습을 다시 찾아내 혼곤한 삶을 잠시 쉬어갈 수 있었으면 좋겠구나. 그럼 너는 사라진 네 유년의 뜰을, 네 유년의 실낙원을 다시금 거닐 수 있게 되지 않겠니. 그러면 우린 거기서, 이 할미가 네 곁에 있든 없든 우린 거기서, 다시 한번 조우(遭遇)하게 될 것이다.'

제가 이미 세상을 떠나버린 어느 날, 손녀가 어린 시절의 자기에 대해 썼던 이 글을 읽게 될 날을 상상하면서 콧날이 시큰했던 기억이 나는군요.

이제는 황혼의 문턱에 선 당신, 지금껏 살아오며 겪은 사연들을, 그 소회들을 글로 적어 보십시오. 사실 우리가 글 속에서 잔잔한 감동을 느끼는 건 소소한 일상사를 비롯해, 행복한 인생의 노래가 아닌 상처 받고 역경에 처한 이들이 그럼에도 불구하고 야생초처럼 일어서고 살아낸 삶의 서사입니다. 한글을 배운 것 외엔 문학수업을 전혀 받아보지 못했던 저의 어머니도 글을 쓰셨습니다. 그렇다면 당신은 저의 어머니에 비해 얼마나 좋은 조건인가요.

저는 어릴 적에 수줍음이 많아서 글을 쓰게 된 것 같습니다. 성인이 된 이후에는 기쁘고 즐거워서 쓴 것보다 결핍과 고통의 흔적들이 더 많은 것 같더군요. 십여 년 전에 썼던 〈고독이나 한 잔〉 같은 글은 삶의 외로움이 빚어준 산물입니다. 저의 두 번째 수필집 〈떠난 그대 서랍을 열고〉에도 이 글이 수록되었는데 어떤 한 독자 한 분이 읽고는 이런 리뷰를 썼더군요.

'요즘은 서너 집 건너 한집 꼴로 혼자 사는 사람들이 있을 정도로 1인 가정은 흔하디흔하다. 흔히 고독은 혼자 사는 사람들의 전유물처럼 여겨진다. 하지만 혼자 살지 않더라고 고독감을 느끼는 사람들이 많다. 나 또한 순간순간 농도 짙은 고독감을 느끼고 어쩜 그 씁쓸한 맛을 즐기는지도 모르겠다.

<u>고독이란 정체된 듯싶으면서도 실은 보이지 않게 꿈틀거리는 생물이었다. 나름의 맛과 감촉도 지녔다. 어느 날은 씁쓸하면서도 달착지근하여 그대로 머물고 싶어지는가 하면, 어느 날은 날감자 맛처럼 아리고, 중증의 증상으로 덮쳐올 때면 땡감처럼 떫어 내 심신을 오그라지게도 했다.</u>　　　　-고독이나 한잔 중-

나는 이 부분에 눈에 잘 띄는 형광색의 포스트잇을 붙여놓았다. 이렇게 내 마음을 들여다본 듯한 글 한 줄을 발견하면 그 책은 그냥 책이 아니라 나에게 소중한 책이 된다.'

저는 이 글을 읽으며 매우 반가웠습니다. 한 인간의 고독에 공감해 주는 독자가 있다는 것도 그랬지만, 저 자신의 기분을 보다 근접하게 표현해 내려 했던 것에 대한 보람을 느꼈기 때문이었지요. 서불진언(書不盡言) 언불진의(言不盡意)라고, 글로는 말을 다 표현할 수가 없고 말로는 뜻을 다 표현할 수가 없습니다. 그뿐인가요. 인간의 언어란 한계가 있어 글로 표현하기 어렵거나 표현 불가능한 것도 많습니다. 글을 쓸 때마다 저는 제 언어의 가난을 절감합니다. 자연이나 사물을 보며 느낀 것을 문자로 재현해 내기도 힘들고 자기감정을 분해하여 묘사하기도 쉽지가 않습니다. 오감으로 와닿는 바람 소리나 새소리, 시냇물 소리를 들을 때면 제 청각에 닿은 소리를 언어로 표현하고 싶었지만 기존에 입력된 윙윙~, 짹짹~, 졸졸졸~ 이상의 문자를 만들어내지 못해 몸이 근질거리기도 했습니다. 한데 고독을 쓰던 날엔 저를 감싸고 있던 추상적 고독의 맛과 감촉이 제 손끝에서 풀려나오는 느낌이었죠. 그것도 시각이나 촉각으로 구체화된 것 같아 조금은 흡족했는데 바로 그 문장에 공감해 주는 독자가 나타났으니 제가 얼마나 기뻤겠습니까.

<u>'훌륭한 문장은 그 속에 몸을 담그고 있으면 문장이 신체 속으로 파고들어옵니다.'</u>

우치다 타츠루의 〈소통하는 신체〉에 나오는 문장입니다.

몸으로 겪은 체험적 깨달음을 녹여서 쓴 글에는 그 글을 쓴 사람의 신체성이 녹아있다고 합니다. 저 또한 그 말에 전적으로 공감하고 그렇게 육화된 글이 주는 힘을 익히 알고 있습니다. 그런 글만이 독자의 마음을 흔들고 젖어들게 하며 책 속에 머물게 해줍니다. 이런 독자를 만나면 작가의 영혼은 수혈이라도 받은 듯 생기가 솟아나 춤을 춥니다. 그럼 그 글을 이 자리에 불러보겠습니다.

고독이나 한 잔

생명체란 어떤 환경적 위기에 처하면 개체 보존을 위해 스스로 변이를 일으키기도 한다. 남편이 타계한 뒤 균형 깨진 생활에 대한 일종의 자기 구제책이었을까. 나 또한 일상의 대화를 나눌 상대가 없어지고 나니 홀로 있을 때 나에게 말을 건네곤 하는 기현상을 보이고 있다. 내가 내게 소리를 내어 못생겼다느니 예쁘다느니 치근거리며 밥 좀 그만 먹으라고 퉁바리를 주기도 한다. 음악을 뭘 듣겠느냐고 묻기도 하고, 내 오른손에겐 '마누라 같은 존재'라고 아부를 하는가 하면, 오늘 반찬은 왜 이리 맛이 없느냐며 목하 혼자서 둘이처럼 살아내는 중이다. 인간이란 홀로 살 수 없는 존재들, 반려동물 인구 1,500만이 넘는 시대라는 보도만 봐도 인간은 그 무엇에든 의지해야 살아지는 생명들이 맞나 보다. 나는 반려동물을 거느릴 처지가 못 되어 자신이나 어르면서 살아간다.

그러던 중 얼마 전 발표한 내 글 〈미드나잇 블루〉에 대한 반응이 제법 따끈하다. 인간적 외로움을 건드린 글이라서 그랬는지 읽은 분들에게서 소감을 전하는 전화가 오고 문자도 오더니 최근엔 에세이스트 카페에 두 분의 촌평까지 실렸다. 침울하고 축축한 심정으로 써 내린 글이었기에 나는 그 메아리들이 무척이나 고마웠다.

미드나잇 블루를 관류하는 것은 고독과 외로움이다. 글에서도 썼듯, 한 신학자는 고독이란 혼자 있는 기쁨, 외로움이란 혼자 있는 고통이라고 했으나 그 둘의 정서는 미미하게 다른 듯 유사하기도 하여 고독감 속엔 외로움이, 외로움 속엔 고독감이 잔류한다.

촌평을 써준 Y 선생은 고독이란 말의 뜻을 알기 위해 사전을 찾아보았단다. 외롭고 쓸쓸함, 부모 없는 아이와 자식 없는 늙은이 정도로 돼있었다고 한다. 혹시나 내 사전엔 다른 풀이가 있을까 하여 들쳐봤지만 내 것 또한 Y 선생의 수준을 넘지 못했다. 아무래도 사전만으론 미진한 듯싶어 그런 상태에 젖었을 때의 내 기분을 곰곰이 돌이켜 보았다. 고독이란 정체된 듯싶으면서도 실은 보이지 않게 꿈틀거리는 생물이었다. 나름의 맛과 감촉도 지녔다. 어느 날은 쌉쌀하면서도 달착지근하여 그대로 머물고 싶어지는가 하면, 어느 날은 날감자 맛처럼 아리고, 중증의 증상으로 덮쳐올 때면 땡감처럼 떫어 내 심신을 오그라지게도 했다. 사전은 다시 쓰여야 하리라. 고독이란 단어의 정의만큼은.

나는 고독의 의미를 나름 이렇게 보충해 보았다. 그것은 넘쳐도 모자라도 안 되는 필수 감정이라고. 그림자같이 늘 우리 곁을 따라다니는 고독은 인간의 숙명과도 같아 떨쳐내기도 힘들거니와 그걸 모르는 존재는 숙성되기가 어렵다. 하지만 지나치게 짓눌려도 문제가 되니 결국 고독이란 때론 적당히 채워져야 하고 때론 적당히 비워져야 하는 그 무엇이 아니겠는가.

요즘 나는 자주 고독에 침잠하려는 징후를 보이는 것 같아 스스로 '고독 과잉 상태'라는 진단을 내려주었다. 만약 그게 오진이라면 '사추기성 과민감정증후군'이라 해두겠다. 게다가 노화와 멜랑꼴리는 비례하는지 가끔은 바람결에 나풀거리는 나뭇잎에도 베일 것 같은 극도의 섬약함마저 보일 때가 있다. 생각 없이 던지는 지인의 한 마디나 행동에 통증을 느낄 때도 있는 걸 보면 흐르는 세월에 정신력도 별수 없이 쇠락해 가는가 보다. 근황이 이렇다 보니 작고하신 수필가 J 선생 생각이 절로 난다. 모년 모월 모일, 그분이 내게 사모님과 심하게 말다툼한 사연을 들려준 적이 있었다. 서울 사는 선생의 자제로부터 아버지를 만나러 선생의 자택인 산방으로 오겠다는 전갈이 왔다. 마침 그때가 햅쌀이 출하될 무렵이었다. 사모님은 자식에게 지어줄 밥을 위해 햅

쌀을 사야 한다 하고, 선생은 애비도 묵은 쌀을 먹고 있는데 한 끼쯤 묵은 쌀밥 좀 먹는 들 그게 무슨 대수냐며 햅쌀을 사지 말라 하는 것에서 부부의 충돌은 시작되었다. 내 생각엔 그리 대단한 일도 아닌 것 같아 사모님의 의견을 들어주는 것이 괜찮겠다 싶었는데 두 분은 끝내 한 치 양보 없이 평행선을 달리다 그만 판이 커져버렸다. 청정한 자연의 품에서 워낙 근사하고 선 굵게 살아온 분인지라 사건의 전말을 전해 들으며 나는 웃음부터 나왔다. 평소 선생과 격의 없이 지냈던 터라, 그런 정도의 일로 그렇게 마음 상하셨느냐, 죽고 살 만큼 중요한 게 아니라면 살림살이 같은 건 못 이기는 척 아내 의견에 따라가 주는 게 선생에게도 편할 거라 했더니 그분은 바람이 빠져가는 풍선처럼 "더 살아보시오. 늙으면 쓸쓸하고 참을 힘도 줄어드는 법이요." 하셨다. 그는 내 아버지뻘 연배였다. 요즘 내가 겪는 시시콜콜한 심리상 문제를 젊은이들에게 말하면 그들 또한 웃어넘길 텐가. 그날 J 선생은 이런 답이나 듣자고 전화한 게 아니었으리라. 그저 당신의 심중을 누군가에게 털어놓고 싶으셨던 것이리라. 내 말이 J 선생을 얼마나 서운하고 외롭게 했을 것인가를 그때는 몰랐다. 적어도 지금처럼 깊이 헤아리질 못했다.

내 고독의 특질은 건성과 습성으로 나뉘는지 어느 땐 마른 풀의 서걱거리는 소리를 내기도 하고 또 어느 땐 대책 없이 눈시울이 젖어들기도 한다. 밀어낸다고 순순히 밀려나갈 게 아닌 그 과잉 분량의 심기를 어떤 방법으로 숨을 것인가. 사람을 통하여? 글쎄다. 사람이란 내가 J 선생께 그러했듯 해결사인 동시 때론 괴리감을 심화시키기도 하는 걸 적잖이 경험했다. 고독이 어떤 인간적 상황으로 인해 빚어진 복합적 정서의 유기체라면 보다 유심론적으로 접근해야 하지 않겠는지. 가령 삶을 조금 비틀어서 유머를 찾아내는 것으로, 그 유머에 젖어 삶의 눅눅함을 증발시키는 것으로 말이다.

나는 보물찾기라도 하듯 유머 찾아 삼만 리에 나서기로 한다. 이 풍진 삶을 살아가는 데 가장 성숙한 방어능력은 유머와 승화라고 하지 않았나. 한데 가만 보니 멀리 갈 것도 없겠다. 삶이란 가까이서 보면 비극, 멀리서 보면 희극이라더니 요즘 내 일거수일투족을 놓고 보면 코미디가 따로 없는 것 같으므로.

땅거미가 지고 나면 우리 집 서창(西窓) 밖으론 나만(?) 느끼고 눈여겨보는 어떤 풍경이 펼쳐진다. 검은 산의 실루엣이다. 북한산 도봉산이 연이어 선을 그리며 내 시선을 잡아끈다. 산의 색감은 노을이 진 뒤의 검붉은 빛을 배경으로 계절마다 채도를 달리하며 미묘한 변화를 보이다가 늦가을이 지나면서부터는 거대한 고독의 빛깔로 응축된다. 지금은 한겨울, 해가 진 뒤 동토의 산은 시퍼렇게 언 몸으로 떨고 있다. 산도 홀로, 나도 홀로다. 그 행간에서 나는 홍차 한 잔을 따끈히 우려 베란다로 나가 먼 산 향해 흰소리를 건네 본다.

"우리, 고독이나 한잔할까요?"

이 글은 2017년도에 쓴 건데, 이날 저는 고독에 대한 제 느낌을 표현하려고 그간 저에게 엄습했던 고독의 맛을 떠올려 봤지요. 만족하는 건 아니지만 그래도 어느 정도는 형상화된 것 같다며 글쓰기를 마쳤던 생각이 납니다.

이렇듯 글감은 부지기수입니다. 쓸 거리가 없다는 건 핑계이거나 무심함 때문일 겁니다. 삶의 희로애락, 이 모든 게 글감이고, 문자로 기록되면 당신의 작품 창고가 풍성해지는 겁니다. 그러니 당신도 오늘 한 편 써보시지요. OK?

* 오늘의 제언: 구슬이 서 말이어도 꿰어야 보배. 글쓰기는 흩어져 있는 삶의 구슬을 꿰어 보는 일이다.

햄릿형과 돈키호테형

러시아의 문호 투르게네프는 인간을 햄릿형과 돈키호테형으로 나눴습니다. 햄릿이 지성적이며 생각이 많아 우유부단한 인물이라면 돈키호테는 무모하고 용기 있는 단순돌진형의 표상입니다. 그러나 세상 인간들이 딱 이 두 가지로 분류될 수는 없겠고 어느 쪽에 더 가까운가의 문제일 것 같습니다.

제 생각엔 글 쓰는 일에도 두 가지 타입이 있는 것 같습니다. 글 한 편을 쓰는데 많은 생각을 하고 시간을 들여가며 쓰는 사람이 있는가 하면 저 같은 사람은 주로 즉흥적 쓰기를 하는 편입니다. 그렇다고 제가 돈키호테형일까요? 이 문제는 그리 단순하지 않다고 생각됩니다. 저에겐 돈키호테적인 면모가 있는가 하면 햄릿적인 요소도 분명 있으니까요. 결국 글쓰기에도 이런 두 성격들이 반영되기 마련이겠지만 저는

K 씨에게 가급적 돈키호테처럼 쓰되 퇴고할 때만큼은 햄릿처럼 하기를 권하고 싶습니다. 햄릿과 돈키호테를 적절히 병행하라는 거지요.

금년 10월 중하순 즈음 시작한 이 글이 벌써 열일곱 번째 꼭지가 되었습니다. 만약 제가 햄릿처럼 쓰기를 했다면 저는 이만큼 나가지 못했을 겁니다. 돈키호테처럼 써나가다 보니 글의 내용이 한 가지 주제로만 계속 이어지는 게 아니라서 이것저것 뒤섞이기도 했습니다. 마치 우리가 친구와 대화 나누다가 화제가 이것저것 섞이는 것처럼요. 기억하시겠지만 저는 첫 편지에서 작가가 되기를 원하면 지금 당장 쓰라고 K 씨를 몰아대지 않았던가요. 그건 당신에게 하는 말인 동시에 저에게도 하는 말이었거든요.

물론 마구 쓰자는 건 아니고 누구나 마음속엔 경험과 느낌이 축적된 이야기보따리들이 들어 있을 테니 일단 쉽게 접근할 수 있는 소재를 택해 시도하라는 얘기입니다.

어떤 이가 저에게 이런 이야기를 들려준 적이 있었습니다. 소설가 김훈은 〈칼의 노래〉를 쓸 때 고작 40일 만에 다 썼다고. 정말 대단하다고. 그 말에 저는 이렇게 대답했답니다.

"그렇게만 생각하면 곤란하죠. 37년간 생각해오다가 40일 만에 쓴 거라니까요."

김훈 작가가 이순신의 난중일기를 읽은 것은 대학시절 영문과 2학년 2학기 방학 무렵이라고 합니다. 그때 난중일기는 젊은 청년이었던 김훈의 영혼을 뒤흔들었다고 하더군요.

40일만 알고 있었는지 그는 제 말에 눈을 휘둥그레 떴습니다. 지난번에 제가 이런 말을 했던 걸 기억하시나요? 글을 쓰고 싶어 하는 사람들은 설령 글을 쓰고 있지 않아도 글을 쓰고 있는 거라고 했던. 그러니 김훈 작가 역시도 수십 년간 이순신이라는 인물을 가슴에 품고 머리를 굴리면서 무의식중에라도 문자화되지 않은 글을 썼을 겁니다.

만약 글쓰기가 잘 풀리지 않으면 K 씨 앞에 누군가 있다고 가정해 보는 것도 좋겠군요. 친구든 이웃이든 아무튼 당신이 말하기 좋은 상대를 떠올리고 그런 다음 그에게 당신이 하고 싶은 얘기를 들려주듯 풀어나가십시오. 대단한 소재가 아니더라도 만약 친구가 앞에 있다면 그에게 지금 당장 할 수 있는 얘기부터 써보라는 겁니다. 엄마가 떠올랐다면, "예전에 우리 엄마가 말이야…." 하는 식으로 얘기를 전개해 보고, 자연에 대한 말을 하고 싶으면 자연에 대한 생각과 느낌을 말해보고, 청소년에 대해 느낀 점을 쓰고 싶다면 그걸 얘기하듯 쓰면 됩니다.

저도 K 씨에게 보내는 이번 원고의 시작을 당신이 언젠가 제게 물었던 질문을 떠올리며 그걸 붙잡고 풀어냈듯 말입니다. 서두를 너무 어렵게 생각하면 글발이 잘 풀리질 않습니다. 그러니 일단 쓰고 보자는 겁니다. 원고 수정은 얼마든지 가능하니까요. 예전처럼 원고지로 쓰던 시대엔 원고 쓰는 일이 보통 작업이 아니었습니다.

살아오는 동안 남이 하는 이야기를 들으며 지루했던 경험이 있으셨겠지요? 그럴 때는 상대방 이야기에 집중력이 떨어지며 듣기 싫어집니다. 글도 마찬가지니 가급적이면 자신이 쓰고 있는 글이 독자에게 어떻게 읽힐까를 염두에 두며 써나가십시오. 다만 처음부터 그 점을 너무 의식하진 말고 써놓고 퇴고할 때 그 점을 참고하면 됩니다.

우리는 타인과 이야기를 주고받을 때 상대가 횡설수설한다든지 식상한 이야기를 한다든지 하면 흥미를 잃어버립니다. 목소리도 같은 톤으로만 하는 것보다 강조할 땐 강조의 억양으로 해주는 등 높낮이를 달리하면 몰입도가 올라가지요. 적절한 비유나 묘사를 나열하면 더욱 귀에 쏙쏙 들어오는 건 말할 것도 없겠고요.

글도 이와 같아서 이제까지 빈번하게 읽어왔던 소재나 스토리를 나열하면 그 밥에 그 나물이다 싶어 독자의 관심은 초장에 사라질 겁니다. 독자들은 새로운 맛을 원합니다. 하지만 태양 아래 새로운 게 없다는 성경 말씀처럼 세상사란 유사한 일들의 변주곡 같아서 새로운 걸 쓴다는 게 생각처럼 간단한 일은 아닙니다. 패션의 흐름을 봐도 유행은 돌고 돌니다. 과거에 거리를 휩쓸던 것이 얼마만큼의 세월이 흐르면 다시금 유행되곤 하지요. 재킷의 칼라(collar)만 해도 넓어졌다 좁아졌다 하고, 바지통도 좁아졌다 넓어졌다 하고, 유행 색조도 돌고 돕니다. 그럼에도 똑같이 유행되는 건 아니었어요. 디테일에 변화를 준다던가 하여 전과 다른 감각으로 찾아오는 겁니다.

저는 가수 한영애가 부른 '봄날은 간다'를 좋아합니다. 그 노래의 원조는 백설희라는 가수였고 그 밖의 여러 가수들이 불렀지만 저는 그중 한영애가 부른 것을 가장 좋아합니다. 샹송 '고엽'을 들어봐도 이브 몽땅이 부른 노래와 에디트 피아프나 줄리엣 그레꼬와 이베트 지로가 부른 게 각기 다릅니다. 가수들이 같은 노래를 불러도 다른 감성으로 와닿듯이 글 또한 같은 소재를 다룬다 해도 작가의 해석이나 인생 경륜에 따라 독자에겐 다른 느낌으로 전달됩니다. 하물며 우리네 인생을 기록하는 일이야 더 말할 게 없겠지요.

산다는 건 생로병사, 희로애락을 바탕으로 벌어지는 사건들의 축적입니다. 태어났으니 부모 형제와 고향이 있게 마련이고 그에 대한 글들도 거듭거듭 재생산되기 마련입니다. 부모님은 자식 위해 희생하는 존재이고, 엄마가 해준 음식이 가장 맛나고, 고향 산천은 늘 아련한 그리움을 유발하며, 사별의 슬픔은 괴롭고…. 그러니 유사한 소재들을 다룰 땐 자기만의 시선과 색깔을 입혀야 하겠지요. 우리는 세상의 인간으로 태어나지만 같은 얼굴을 지닌 자는 한 사람도 없듯 말입니다. 그런 의미에서 '봄날은 간다'라는 노래를 여러 버전으로 감상해 보는 것도 좋을 것 같습니다.

오래전에 아동들의 글쓰기 지도를 했던 문우로부터 들은 얘기가 생각나는군요. 그 문우가 하루는 수업을 하면서 겨울나무를 소재로 글을 써보라고 했더니 한 아이가 쓴 시 중에 이런 구절이 있었다고 합니다. 나무는 겨울이 되면 더워서 옷을 벗는다는. 우리는 보통 나목을 보며 외롭고 추운 이미지를 연상하는데 그 아이는 나무가 옷을 벗는 것이 더워서라고 해석한 겁니다. 아이의 발상이 엉뚱하고 비상식 적이긴 해도 여하 간에 새로운 시선이 아니겠는지요.

글을 쓰기 위해선 지금까지 익숙하게 보아왔던 걸 다른 각도로 들여다보는 눈이 필요합니다. 비틀어서도 보고 의문도 가져보고 거꾸로 뒤집어서도 보면서요. 그러기 위해 우리는 이따금 돈키호테가 될 필요가 있을 것 같습니다.

이젠 저도 나이가 들어선지 지인들 중에 배우자와 사별하는 이들이 많습니다. 앞으론 더 많이 늘어나겠지요. 남편을 보내거나 아내를 보낸 이들은 저마다 사별의 슬픔과 외로움을 토로해옵니다. 어떤 이는 깊은 우울의 나락에 빠지기도 하더군요. 저는 단톡방에서 그런 이들의 기분을 읽을 때마다 일부러 휜소리를 늘어놓곤 합니다. 나는 혼자가 되니 생각보다 편하고 좋다고. 글 쓸 시간도 많아졌다고. 내 역작(?)들은 모두 홀로된 이후에 나왔노라고. 언제 내가 이런 자유를 누렸느냐고. 물론 일말의 허세와 과장이 들어가긴 했지만 실제로 저는 현재의 솔로 생활을 즐기며 삽니다. 고독은 자유를 선사하고, 외로움은 사색의 깊이를 더해줍니다. 인간은 홀로일 때 가장 나답게 충만해지며 창의적으로 환원되는 것 같으니까요.

K 씨도 때때로 돈키호테가 되어 발상의 전환을 해보십시오. 그럴 때 정말로 신선하고 기발한 글들이 탄생될 것입니다.

* 오늘의 제언: 글을 쓸 땐 돈키호테처럼 용맹하게. 퇴고할 땐 햄릿처럼 신중히.

자기표현 욕구

첫 편지에서 저는 호모 나렌스(Homo Narrans), 즉 이야기하는 인간에 대해 짚은 적이 있습니다. 인간들의 이야기, 그것을 문자로 표현되면 문학이 되고 몸으로 표현하면 무용이 되고, 그림으로 표현하면 미술이 되는 거겠지요.

문학의 발생 기원설을 보면 모방본능설과 유희본능설과 흡인본능설이 있습니다. 흡인본능설이란 인간이나 동물에게는 보편적으로 남의 관심을 끌고자 싶어 하는 흡인 본능이 있고 이 때문에 문학이 발생했다는 설입니다. 인간은 누구나 남으로부터 인정받고자 하는 욕구가 있는데, 남의 관심을 끌고 싶어 하는 것도 이와 상통하는 거겠지요.

제가 삼십 대 적에 알았던 어떤 여성은 해마다 신춘문예에 응모했다가 떨어지기를 수없이 반복했습니다. 어느 날 제가 물었어요. 왜 그리도 신춘문예에 집착하느냐고. 그녀가 대답하기를, 자신을 버리고 떠난 옛 애인을 비롯한 지인들에게 자기 존재감을 세우고 싶어서였다는 겁니다. 문학에 대한 일념도 있지만 관심 끌고 싶은 욕구가 더 크다는 거였어요. 그때만 해도 종이 신문의 영향이 지배적이던 시절이니 그럴 만도 한 일이었습니다.

인간에게 표현 욕구는 있으되 남의 관심을 끌고 싶은 마음이 없었다면 대부분의 글들은 일기처럼 필자 혼자 간직하며 읽는 것으로 끝났을 겁니다. 하지만 인간은 사회적 존재이기에 자신의 글을 기록하고 발표하여 알리고 그 글에 독자들이 공감과 지지를 보내주기를 기대합니다.

저는 남편과 사별한 후 한동안 유사한 악몽에 시달린 적이 있습니다. 어딘가를 향해 혼자 떠나왔는데 집으로 가고 싶어도 방향을 몰라 낯선 거리에서 방황하는 꿈이었지요. 날은 저물고 아는 이도 갈 곳도 없건만 집으로 돌아가는 차편도 없고 가는 길도 모르는 겁니다. 이런 꿈을 자주 꿨기에 꿈속에서 멘붕 상태가 되어 얼마나 불안 초조하고 두려웠는지 모릅니다.

어느 날 이런 꿈을 꾸고 나서 〈미드나잇 블루〉라는 글 한편을 쓴 적이 있습니다. 그 글은 제 수필집에도 실려 있는데 〈고독이나 한 잔〉과 더불어 독자들의 관심을 받은 글입니다. 그 글의 일부를 옮겨보겠습니다.

'미몽에서 깨어난 순간 절로 눈시울이 젖어들었다. 잠이 덜 깬 시야로 옷장이며 전기스탠드며 침대 옆에 둔 책의 윤곽들이 어슴푸레 들어왔다.(중략)

스탠드를 켜니 새벽 2시쯤이다. 물을 마시려 몸을 일으킨다. 암회색 그림자가 부스스한 머리를 한 채 과장된 크기로 함께 일어선다. 나를 따라 움직이는, 그 혼백 같기도 하고 틈입자 같기도 한 그림자를 응시하며 나는 비로소 나를 객관적 대상으로 인식한다. 내 몸에서 한 겹 벗겨져 나간 듯한 그 시각적 형상만이 나를 확인시켜줄 뿐이다. 간밤엔 9시가 조금 넘어 잠에 든 것 같은데 지금껏 타지에서 애를 태웠다. 냉수 한 컵을 들이키고는 왜 이따금 이런 악몽 아닌 악몽을 되풀이해 꾸는가에 대해 유추해 본다. 장소만 다를 뿐 벌어지는 상황이 늘 유사했던 것엔 그럴만한 사유가 있을지 모른다.

꿈속에서의 나는 어딘가를 가고 있던지, 어딘가에 도착해 있다. 글 쓰는 게 일상이 되다 보니 때론 꿈에서도 메모지를 꺼내 풍광의 단상을 적어내리기도 한다. 날은 언제나 성급히 기운다. 낮의 밝음과 밤의 어둠이 서로 엉기며 하늘에 붉은 빛깔이 번지는가 싶더니 사위는 어느새 미드나잇 블루의 어둠에 완전히 함몰되고 만다. 그 색채는 자못 차갑고도 막막해서 나는 방위를 알 수가 없다. 그 어둠에 침몰될까 불안감이 밀물 닥치듯 몰려온다. '길치'에다 밤눈 어둡고 밤거리를 두려워하는 내 모습이 꿈에서도 여실히 드러난다. 목적지에서의 일정을 다 마친 건지는 불확실 하나 집으로 가고 싶다는 생각밖에 들지 않기에 나는 기차역을 찾던지 버스 역을 찾던지 택시라도 부르려 한다. 웬일로 그게 좀체 여의치가 않다. 올 때는 분명 기차나 버스를 타고 왔건만 돌아갈 역을 찾지 못해 낯선 거리를 방황하고 있다. 도움을 청하려고 주변을 둘러본다. 거리엔 사람들이 오고 가나 나와는 관계없는 타인들뿐. 그들은 끼리끼리 무슨 얘긴가를 하고 있던지 혹은 혼자서 무슨 일인가를 하고 있다. 나는 그들에게 서울로 갈 수 있는 차편을 물었으나 하나같이 모른다는 대답만 돌아온다. 누군가는 가르쳐 주기도 했는데 막상 가보니까 거기에 기차역은 없었다. 드디어 내 머리엔 쥐가 나기 시작하고 불안과 초조감은 극을 달리며 공황상태가 되고 만다. 낯선 거리엔 스산한 바람과 함께 녹슨 낙엽들이 지고 있고 사람은 보이나 나를 도울 사람은 한 명도 보이질 않는 것이다.'

저는 이제껏 삶의 여러 가지 체험과 느낌들을 글로 발표했습니다. 문학의 발생 기원설에 나오는, 남의 관심을 끌고자 싶어 하는 흡인 본능. 저도 혹시 자신의 외로움과 고독을 누구에겐가 하소하고 인정(?)받고 싶었던 건 아니었을까요. 여기에선 '인정'이란 표현보다 대화를 나누고 싶었던 거라고 보는 게 더 정확할 것 같군요.

　이렇듯 삶을 관통했던 사연들을 글로 적으며 저는 신기한 경험을 하기도 했습니다. 우연히 그리된 건지는 몰라도 글 속에 제 가슴의 말들을 풀어놓음으로써 거기에서 벗어날 수 있었던 겁니다. 이런 글을 쓴 뒤엔 그런 꿈들을 두 번 다시 꾸지 않게 되었으니까요. 어느 날인가, 흐르는 내 눈물의 밑바닥까지 짜내며 〈우는 여자〉를 쓴 뒤엔 눈물이 시나브로 잦아들었듯 말입니다. 그런 의미에서 볼 때 책 한 권을 엮는다는 건 자신의 한 시대를 정리하고 마감하며 떠나보낸다는 의미가 있는 것 같았습니다. 저는 이제 〈떠난 그대 서랍을 열고〉의 세계에서 벗어난 것입니다.

　칼릴 지브란의 〈절반의 생〉이라는 시를 읽은 적이 있으신지요. 그 시에 보면 이런 구절이 나옵니다.

　　'절반의 물은 목마름을 해결하지 못하고
　　절반의 식사는 배고픔을 해결하지 못한다.
　　절반만 간 길은 어디에도 이르지 못하며
　　절반의 생각은 어떤 결과도 만들지 못한다.'

　이 시에서도 말하고 있듯 기왕에 쓰겠다고 결심했으면 당신의 밑바닥까지 내려가 보시길 바랍니다.

그래야만 타다가 만 장작이 아닌 자신을 완전히 연소한 장작이 될 수 있을 겁니다.

그래야만 당신은 글을 쓰며 진정한 카타르시스를 느끼게 될 것입니다.

그래야만 당신은 겨우 글 다운 글 한 편을 건져 올릴 수 있을 겁니다.

'겨우'라고 했다고 서운해하지는 마십시오. 이건 누구에게나 해당된다고 생각하니까요.

* 오늘의 제언: 글쓰기는 자신이 자신을 치유하는 일이다.

예술은 힘이 세다

 어느덧 12월이 되었습니다. 어제 저는 모처럼 '예술의 전당'을 찾아 국립오페라단이 공연하는 푸치니의 오페라 〈라 보엠〉을 보며 예술의 향기를 즐겼답니다. 이 오페라를 관람할 때면 언제나 제 가난하던 젊은 날이 떠올라서 특별한 애정이 느껴지는 작품이기도 합니다.
 〈라 보엠〉은 크리스마스이브에 벌어지는 일로 시작되기 때문인지 성탄 시즌에 전 세계적으로 가장 많이 공연되는 오페라라고 하는군요. '라 보엠'은 영어로는 'The Bohemian'이며, 극중에선 집시의 개념보다 1800년대 말경 유럽에서 자유분방하고 관습에 얽매이지 않는 예술가, 문학가, 지식인을 지칭하는 단어라고 합니다. 원작은 '앙리 뮈르제'의 소설인데 푸치니는 자신의 가난했던 음악학교 시절의 경험을 바탕으로 대본을 완성시켰다고 전해집니다.

　1막에는 파리 시의 지붕 밑 다락방에 세 들어 사는 가난한 시인 로돌프와 화가 마르첼로와 음악가 쇼나르와 철학가 콜리네가 등장합니다. 크리스마스이브이지만 그들은 추운 방에서 로돌프의 원고를 난로에 태워가며 몸을 녹입니다. 어제 본 무대에서는 의자를 부수어 땔감으로 쓰려고도 합니다. 쇼나르가 음식을 구해오고, 밀린 집세를 받으려고 집주인이 나타나고, 친구들이 성탄절 이브를 즐기려 모두 나가고, 로돌프만 원고를 마무리하기 위해 나중에 합류하겠다며 혼자 남습니다. 그때 미미가 로돌프의 방문을 노크하며 촛불이 꺼졌다고 불을 빌려달라며 등장합니다. 그녀는 병약한 몸으로 수를 놓으며 살아가는 아가씨이지요. 로돌프는 그녀를 보고 첫눈에 반해 연정을 느끼며 유명한 아리아 '그대의 찬 손'을 부릅니다.

>　그대의 작은 손이 왜 이리 차가운가요.
>　내가 따듯하게 녹여 주겠어요.(중략)
>　내가 무엇 하는 사람이고 무엇으로
>　어떻게 살아가는가를 말해도 되겠지요?
>　내가 누구냐? 누구냐고요?
>　나는 시인입니다.

무엇을 하고 있느냐 하면
글을 쓰고 있지요.
어떻게 살아가느냐 하면
그래도 살아갑니다.
거칠 것 없는 가난한 생활이지만
시와 사랑의 노래라면
귀족처럼 풍요롭습니다.
꿈과 환상으로
하늘에 그린 궁성에서
마음만은 백만장자입니다. (중략)
이제 나에 대한 것은 알았을 겁니다.
자, 이젠 당신 이야기를 해주세요.
당신이 누구인지 말씀해 주세요.

이 노래를 듣노라면 이제는 화석처럼 굳어진 듯한 저의 연애세포가 다시금 살아 꿈틀거릴 것만 같습니다. 푸석하게 말라가던 이끼에 빗방울이 스며들면 아름다운 녹색으로 되살아나듯 노래 한 자락에 화석 같던 제 가슴이 꿈틀거리다니 이런 게 예술의 힘이겠지요. 예술은 이렇게 힘이 센가 봅니다.

로돌프의 아리아 '그대의 찬 손'은 워낙 유명하고 아름다워 어릴 적부터도 자주 들었던 음악입니다. 신혼 무렵엔 저희 집으로 성악가들이 자주 오는 바람에 레코드가 아닌 생음악으로 이따금 들었었지요. 그 당시 살았던 이화여대 근처 빌딩 4층의 환경이 마치 로돌프의 지붕 밑 방과도 같았습니다. 제법 평수 넓은 실내를 개조하여 남편의 친구도 잠시 함께 기거했었는데, 그분은 성악과 미술에 뛰어난 재주가 있었어요. 그 친구로 인해 알게 된 김자경 오페라단 남성 단원들도 자주 우리 숙소에 왔었습니다. 재능도 많고 꿈은 높았지만 가난하고 배경이 없어 그늘진 인생을 살아가던 청춘들이었지요.

다 비운 조니 워커 병에 제가 재미 삼아 7부쯤 부어놓은 국산 도라지 위스키를 진짜로 착각하며 마셔대고는 그들은 "역시 조니 워커야!"라며 음성을 높였습니다. 그러고는 오페라 아리아를 부르고 슈베르트의 연가곡 '겨울 나그네'를 부르고 탱고 '라 쿰파르시타'를 불렀습니다. '미미' 아닌 미미인 저는 난방도 안 되는 방으로 슬그머니 들어가 석유난로를 피워놓고 나무 침상에 웅크리고 앉아 그들의 노래를 들었지요. 부모님이 반대하는 결혼을 하여 마음은 납덩이처럼 무거운데 라 쿰파르시타의 연주가 나오면 절로 발을 통통 구르며 박자를 맞추게 되고, 남편 친구가 슈베르트 겨울 나그네에 나오는 'Gute Nacht(굿나잇)'를 부르기 시작하면 저도 허밍으로 따라 부르며 두 손이 절로 모아지곤 했었습니다.

이런 추억들이 있기에 저는 라 보엠을 보러 갈 때면 시작이 되기도 전부터 이미 눈물샘이 젖어들려 합니다. 이번에도 예외 없이 두어 번 가슴이 울컥했습니다. 그러고는 집에 오니 현재의 나 자신이 왜 그리 부유하게 생각되던지요.

오래전에 대한극장에서 보았던 '모드 루이스'의 실화를 바탕으로 한 영화〈내 사랑(원제는 Maudie / 모디)〉도 생각났습니다. 그 영화를 봤을 즈음 저는 늘어나는 세간들로 좁아진 집을 보며 내 집이 조금 넓었으면 좋겠다고 생각하던 참이었는데 그 영화를 보고 난 뒤엔 살고 있는 집이 너무도 크게 느껴지는 거였어요.

최근 한 후배에게 이런 문자를 보낸 적이 있습니다. 이따금 저의 집에 찾아오기도 했던 그녀는 요즘은 다리에 문제가 생겨 통증으로 외출이 부자유한 형편입니다. 통증으로 밤에 잠을 못 이룰 정도라 하니 그 고통이 얼마나 심각하고 그녀의 마음이 얼마나 우울할지 짐작되었지요. 그런 그녀에게 저는 글을 쓰라고 권했습니다. 글을 쓰는 동안 글이 진통제가 되어줄 거라면서요. 어떤 글이 되든 상관없습니다. 일단 자기의 글에 빠져든다는 게 먼저이니까요. 반짝이는 걸작이 아니면 어떻습니까. 하늘의 별들도 크고 작은 게 있고, 들판의 풀들조차 크고 작은 게 있는데. 태작(駄作)이라도 자꾸 쓰다 보면 걸작이 나올 날도 오겠지요.

노래를 좋아하는 사람은 노래를 부릅니다. 춤을 좋아하는 사람들은 춤을 추고 그리기를 좋아하는 사람은 화폭이 있든 없든 상관 않고 영화 〈내 사랑〉에 나오는 모드 루이스처럼 아무 데나 그림을 그립니다. 마찬가지로 글쓰기를 좋아하는 사람은 틈나면 글을 씁니다. 명창들만이 노래를 부르는 게 아니듯 춤을 즐기는 사람은 정식 춤을 배우지 않아도 막춤이라도 즐기며 자기 흥에 빠져듭니다. 여기에 무엇을 대입해도 좋겠지요. 이렇듯이 먼저 빠져드는 게 중요하고 빠져들다 보면 기술을 습득하게 마련이며 그러노라면 그에 따른 발전이 있게 마련입니다. 보들레르의 시 한 편이 떠오르는군요.

취하게 하라

취하게 하라. 언제나 너희는 취해 있어야 한다.
문제의 핵심은 거기에 있다. 그것이 유일의 문제다.
너희들의 어깨를 짓누르고 너희를 지상으로 누르고 있는
시간의 끔찍한 짐을 느끼지 않으려면
너희들은 여지없이 취해 있어야만 하는 것이다.
그러나 무엇에 취하는가?
술에건, 시에건, 미덕에건, 그건 좋을 대로 하시오.

다만 취하기만 하라.

그러다가 궁전의 계단에서나 도랑의 푸른 풀 위에서나 당신 방의 음침한 고독 속에서 당신이 깨어나 취기가 이미 덜하거나 가셨거든 물어보라.

바람에게, 물결에게, 별에게, 새에게, 시계에게, 지나가는 모든 것에게, 울부짖는 모든 것에게, 굴러가는 모든 것에게, 노래하는 모든 것에게, 말하는 모든 것에게 몇 시냐고 물어보라.

그러면 바람이, 물결이, 별이, 새가, 시계가 대답해 주겠지.

취할 시간이다! 시간에 구애받는 노예가 되지 않으려면 취하라. 노상 취해 있으라!

술에건, 시에건, 미덕에건, 당신 뜻대로.

> * 오늘의 제언: 감동적인 이야기는 화려한 미문보다 힘이 세다. 삶의 감동적 순간을 글로 적어보자.

기록의 즐거움

 오늘 아침엔 제 적바림 노트를 뒤지다가 흥미로운 걸 하나 발견했습니다. 그건 예전에 써놓았던 일종의 생활가계부였어요. 노트의 한 페이지를 절반으로 나누어 날짜와 수입 지출 난을 만들어 놓고 그날그날 있었던 일들 중에서 제가 타인으로부터 받은 것과 베푼 것을 각각 수입, 지출로 나누어 기록했던 것입니다. 받은 것은 '수입'난에, 베푼 것은 '지출'난에 적었더랬지요.
 서민들의 일상은, 특히나 학교에 다니는 자녀를 둔 월급쟁이 가정은 형편이 빠듯하거나 혹은 수입보다 지출이 초과하여 마이너스 인생을 사는 사람들이 적지 않습니다. 제 노트는 1993년도의 기록이었는데, 당시 제 살림살이는 넉넉지 않은 편이었지만 이 가계부에서만은 늘 일상의 수입이 지출을 상회하더군요. 그러니까 흑자 인생이었던 겁니다. 다만 여기서의 흑자는 일반 가계부와는 달리 타인으로부터 받은 사랑의 수입(동시에 사랑의 빚)을 의미하는 것이기도 했습니다. 기록으로 남겨두지 않았다면 세세하게 기억하지 못했을 일들이 치부책처럼 남게 된 거였지요.

이 가계부 쓰기는 그리 오래지 않아 중지됐습니다. 그건 제가 남에게 진 사랑의 빚이 남에게 베푼 형애긍(形哀矜)보다 늘 많았기에 그 점을 유념하며 살아야겠다는 결심을 하는 것으로 끝냈기 때문이었지요. 당시 저는 이 가계부를 들여다보며 저의 지출(선행)을 늘리기 위해 조금은 강박적이 되기도 했었답니다. 지출(선행)을 늘리려고 잘못 걸려온 전화가 되풀이되어도(당시에는 일반전화기만 사용했기에 잘못 걸려오는 전화가 많았고 때로는 몇 번이나 잘못 거는 사람들이 있었음) 가급적 상냥하게 대답해 주려 노력하는가 하면 지출거리가 없는 날엔 지출을 늘리려 일부러 아파트 계단의 휴지 줍기도 하며 보낸 날도 있었습니다. 그럼 그 기록의 일부를 올려보겠습니다.

1993년

■ 1월 31일: 스텔라 씨에게 원빈(아들) 졸업 선물로 구두 티켓 받음(5만 원 수입).

순천 여행 3박 4일 동안 대녀 안젤라에게 편안한 잠자리와 푸짐하고 맛있는 식사 제공받음. 정환 아빠는 봉고차로 우리 일행을 쌍계사, 오동도 등지를 안내해 줌(수입).

■ 집에 당도해 안성 대녀 베로니카의 선물 소포 받음. 내 이름과 세례명을 인쇄해 넣은 원고지 열 권. (작년에 받은 것: 참기름, 들기름 고춧가루 열 근(?) (수입)

■ 2월 12일(원빈 졸업식 날)

동생 열에게서 도서상품권(3만 원)과 졸업 축하금 5만 원 받음(합 8만 원) (수입).

■ 열이 장인 부의금으로 10만 원 전함(지출).

■ 2월 13일 스텔라 만남.

스텔라가 점심으로 김밥(1,500원)과 커피(1,500원) 사주었음(수입).

■ 스텔라 아들 진환 졸업 선물로 앨범(8,000원)과 스텔라와 여행 사진 15장 전했음(지출).

■ 불우 청년에게 1,000원 적선. 성가병원 월 후원금 5,000원 보냄(지출).

■ 대일외고 졸업생 대리 시험자 성구 군을 위해 기도함(지출).

(*이 사연은 뉴스를 보고 알게 된 한 청년의 범죄가 안타까워 기도했던 것 같음)

■ 백 마리안나, 윤 글라라에게 약식 만들어줌(지출).

■ 진숙 전문대 입시를 위해 기도해 줌(지출).

■ 2월 18일 창원의 독자 김인순 씨로부터 격려 전화 한통 받음(수입).

■ 마포 독자에게서 내 글의 평을 실은 장문의 편지 받음(수입).

■ 2월 26일 송재희 씨 아들 대학 입학금 150만 원 무이자로 빌려줌. 송재희 아들 합격 선물로 5만 원 보냄(지출).

(중략)

■ 4월 11일 거지에게 500원 적선(지출).

■ 4월 12일 승엽 엄마에게 감자 한 봉지 받음(수입).

■ 4월 13일 승엽 엄마에게 영세 선물로 십자고상과 성모상 선물(지출).

■ 시어머님 똥 싸서 뒷물해 드림(지출).

■ 4월 17일 승엽 엄마에게 수제비라면 해주고 파 한 봉지 줌(지출).

■ 4월 18일 올케에게 감자 한 봉지 받음(수입).

(중략)

이걸 보고 있으려니 내가 별짓을 다했구나 싶어 웃음이 나오면서도 당시 가계부를 적어나가며 지인들과 이웃들이 베풀어준 고마움을 잊지 말자는 생각을 했던 일이 떠오르더군요. 받은 게 많다는 새삼스러운 자각은 저를 행복하게 만들어주었고 이웃과 하느님을 향한 깊은 감사의 마음이 풀 향기처럼 제 가슴에 번졌습니다. 감사하는 마음이 있는 한 세상은 살만 해집니다. 어떤 어두운 터널에서도 그 마음이 빛이 되어주니까요.

K 씨,

저와 같은 이상한 가계부는 아니더라도 지금까지 살아오며 자신이 받은 은혜나 감사한 기억을 기록해 보는 것은 흥미롭고 새로운 글쓰기가 아니겠는지요.

기록으로 남기진 못했지만, 저는 마흔 후반 무렵 일주에 한두 번 조용한 시간을 내어, 재생해 낼 수 있는 지난날을 낱낱이 돌이키며 제가 받은 마음의 상처나 혹은 타인에게 잘 못한 일에 대한 묵상을 해본 적이 있었습니다. 그렇게 근 반년간 혼자 피정(避靜) 시간을 가졌습니다. 그 시간만은 덧 씌워졌던 저의 허상과 가면을 걷어내며 발가벗은 자신으로 돌아갔습니다.

그러자 비로소 투명한 물속을 들여다보듯 제 모습이 보이는 거였습니다. 때론 숨고 싶고 때론 흐뭇하기도 한 자신을 마주 대하며 눈물도 흘려보고 엷은 미소도 지어보는 가운데 더 이상은 기억할 수가 없는 시절까지 거슬러가면서 저와의 만남과 기억의 치유 시간을 가져봤습니다.

그러면서 사는 동안 제가 받은 상처나 잘못에 대해서는 깊이 머물며 하느님께 기도했습니다. 또한 저로 인해 상처 받았을 사람들을 위해서도 기도했습니다. 당시엔 글을 쓸 여유가 없었고, 글이란 남을 의식하게 되어 솔직하기 어렵다는 이유로 마음에 담아두기만 했지만 그런 시간을 가져본 것만으로도 마음의 카타르시스를 느꼈답니다. '너 자신을 알라'는 명제를 음미하며 말이지요.

K 씨도 자기 일상 소회를 적어보다가 언젠가는 자신의 약전(略傳)도 써보시면 어떨는지. 일상에 떠밀려 정신없이 살다가 어느 멈춤의 순간, 허망함이 엄습하며 사는 게 뭔지, 내가 누구인지, 뭘 하며 살았는지 등의 질문 앞에서 스스로 대답할 수 있게 말입니다.

글을 쓴다는 건 무엇보다도 먼저 자신에게 의미가 있어야 할 겁니다. 글이 유명세를 치르고 관심과 호응을 받는 것도 좋지만 그보다 더 중요한 건 자기 자신일 테니까요.

그런가 하면 저는 서른 후반부터 오늘날까지 인생이 힘들다고 여겨질 때마다 '보물찾기'를 했습니다. 하필 보물찾기라고 한 것은 어린 시절 소풍 갔을 때 자주 했던 보물찾기가 떠올랐기 때문이었습니다. 어릴 때 한 것은 일정 구역에 있는 나무껍질이나 풀숲 사이에 상품 이름이 적혀 있는 종이쪽지를 작게 접어 숨겨 놓고 그것을 찾는 애들에게 상품을 주는 놀이였지만, 성인이 된 저의 보물찾기란 그날그날의 감사할 거리를 찾아내어 적어보는 일이었습니다.

내 형편이 어떠하든 일단 몸이 아프지 않은 것도 감사하고, 하늘이 맑은 것도 감사하고, 음악을 들으며 즐거움을 느끼는 감사하고, 매 끼니를 맛나게 먹는 것도 감사하고…. 이런 식으로 감사할 거리를 찾다 보면 아무리 힘에 겨운 날이라도 제가 괴로움에만 빠져서는 안 된다는 자각이 드는 거였습니다. 때때로 삶의 문젯거리가 압사할 정도로 저를 짓누를 때면 이런 생각조차 팽개치고 싶었지만 그럴수록 손등에 피가 흐를망정 우울의 가시덤불을 헤쳐 가며 그 안에 숨어 있을 보물찾기를 하며 노트에 적고, 적은 것을 눈으로 읽고 가슴으로도 읽었습니다.

K 씨에게 쓴 첫 편지에서 저는 남편의 교통사고 일화를 얘기했었지요. 그 당시 저는 매일 천근같은 고민을 짊어지고 제가 다니던 성당의 평일 미사에 참석했습니다. 그런 뒤 어두운 표정으로 남편의 병실을 찾곤 했지요. 사고가 난 직후 남편이 구급차로 실려 간 병원은 요행히도 신경외과 전문의였던 저의 이종사촌 오빠가 근무하던 병원이었습니다. 우연치고는 놀라운 일이었고 남편의 주치의도 제 오빠였습니다. 서울의대를 우수한 성적으로 졸업했던 오빠는 실력 있는 의

사였기에 저는 불행 중 다행이라는 생각이 들었습니다. 남편의 치료만큼은 마음 놓고 오빠에게 맡길 수 있었으니까요.

걱정으로 늘 죽을상을 하고 있는 저를 보며 어느 날 오빠가 물었습니다.

"너는 하느님을 믿는다면서 왜 그리 표정이 어두우냐?"

그 말에 저는 봇물 터뜨리듯 근심거리를 늘어놓았습니다. 돈도 떨어지고, 살아갈 일도 막막하고, 합의금을 치를 돈도 캄캄하다고. 그러자 오빠가 이런 말을 하는 거였습니다.

"나는 종교가 없지만 예수는 좋아해서 성경은 읽었다. 근데 예수님이 이런 말을 했더구나. 내일 걱정은 내일에 맡기라고. 나는 교회엔 안 나가도 그 말씀대로 살아가는데, 너는 믿는다는 애가 왜 그리 죽상이냐? 너, 오늘 먹을 쌀이 없니? 누워 잘 집이 없니? 니 남편 치료는 내가 알아서 잘 해 줄 텐데 왜 그리 걱정을 싸 짊어지고 그래? 오늘 걱정만 해라."

오빠는 동생의 처지를 위로해 주려고 그랬겠지만 저는 그때 쇠망치로 머리를 맞은 듯한 충격을 느꼈습니다. 왜냐면 병원 오기 전 성당에서 주님께 이런 기도를 드리고 왔었기 때문이었습니다. 제발 한 말씀만 들려달라고, 앞일이 걱정되어 죽을 지경이라고, 왜 내 기도에 침묵만 하시느냐고.

한데 생각지도 않게 믿음 없는 오빠로부터 믿음 있다는 제가 뼈를 찌르는 듯한 충고를 들은 거였습니다. 저는 그날 오빠의 말이 주님의 말씀이었다는 걸 믿고 싶었습니다. 이후부터 제 삶의 좌우명은 하루 걱정만 하고 살기가 되었고, 그날의 일을 글로 적었습니다.

  글을 쓴다는 건 분명 노동입니다. 정신과 육체의 이중 노동입니다. 그러나 그 노동이 지치고 상처 난 자신의 마음을 위로하고 치유할 수 있다면 가치 있는 노동이 되겠지요.

  * 오늘의 제언: 오늘의 감사할 거리 세 가지만 적어보자.

유혹하는 글쓰기 1

〈유혹하는 글쓰기〉는 스티븐 킹의 창작론 제목입니다. 원제는 'On Writing'인데 '쓰기에 대하여'가 아닌 '유혹하는 글쓰기'라는 제목을 붙여놓으니 표제만 보고도 끌려드는 독자들이 많겠다 싶었습니다.

한데 '유혹'이란 단어를 떠올리니 '매혹'이란 말이 연상되고 '미혹'도 들러붙고 '고혹'과 '현혹'이란 단어도 뒤따라 오더군요. 유혹이란 흔히 금단의 것이나 부정적인 것에 끌릴 때 사용하는 단어이지만 그렇기에 더더욱 사람을 매혹시키는 치명적인 끌림이 느껴지지요.

글을 쓰다 말고 저는 서두에 떠오른 단어들의 뜻을 찾아보았습니다. 유사한 듯 조금씩 뉘앙스가 다른 그 단어를 사전은 이렇게 풀이하고 있더군요.

유혹(誘惑): 꾀어서 마음을 현혹하거나 좋지 아니한 길로 이
끎. 성적인 목적을 갖고 그럴듯한 말이나 행동으로 이성을 꿈.
매혹(魅惑): 남의 마음을 호리어 사로잡음
미혹(迷惑): 마음이 흐려지도록 무엇에 홀림.
고혹(蠱惑): 성적인 아름다움이나 매력에 홀려서 정신을
못 차림.
현혹(眩惑): 마음이 흐려지도록 무엇에 홀림.

단어를 고를 때는 돌다리도 두드려보고 건너듯 비슷한 어휘를 사전에서 찾아보는 것이 좋습니다. '예리'와 '예민'이라는 단어 사용을 놓고도 두 어휘의 미미한 차이를 가끔은 신경질적으로 따져보며 말이지요. 이런 것까지 시시콜콜히 생각하는 건 머리카락을 세는 것 같은 피로감이 느껴지지만 한편으론 단어에 따라 색조가 미세하게 달라지는 재미를 느끼게 되므로 뇌 운동을 하는 것 같은 즐거움도 따라붙습니다.

어느 날인가 한 수필가의 글을 봐줬더니 저더러 "글을 보는 눈이 예민하시군요." 하기에 제가 "예민보다는 예리한 거겠죠."라며 말꼬리를 잡은 적이 있었답니다.

제목이나 단어가 글의 맛을 좌우한다면 강한 끌림이 연이어지는 문장이야 더 말할 게 없을 겁니다. 그런 만큼 감칠맛 도는 문장이 되도록 단어 하나하나라도 신중히 사용해야겠

지요. 이것이 전부는 아니지만 우선 좋은 글을 쓴다는 건 단어라는 재산을 얼마나 지니고 있는가와, 그 재산을 어떻게 잘 운용하는가의 문제입니다. 단어가 모여 문장이 되고 문장이 모여 글이 되는 거니까요. 아무리 머리에 든 게 많아도, 아무리 구성을 잘 해도 기본 재산이 갖춰져야 빛을 발합니다.

글을 쓸 때 일반적으로 우리는 표준어 사용을 원칙으로 하고 있으나 때로는 방언을 통해 글맛이 색다르게 살아나거나 투박하게 달라지는 경우도 봅니다. 가령 '귓불'의 방언은 '귀불알'인데 귓불이라 할 때와 귀불알이라 할 때의 느낌은 많이 다릅니다. 그래서인가 제가 읽은 김애란의 단편소설 〈그녀가 잠 못 드는 이유가 있다〉에서 다음과 같은 문장을 볼 수 있었습니다.

'그녀는 그런 식으로 타인에게 요약되는 방식이 싫다. 같은 말이라도 '귓불'이 예뻤던 여자로 남고 싶지 '귀부랄'이 예뻤던 여자로 편집되고 싶지 않은 것이다.'

김애란 소설에는 귀불알이 귀부랄로 쓰여 있었습니다. 여하 간에 글의 내용이나 등장인물의 분위기에 따라 '귀불알'이 더 어울리는 경우도 있을 겁니다. 음식을 만들 때 첨가되는 양념에 따라 맛이 미묘하게 달라지는 것처럼 말이지요. 이런 것을 스스로 즐기면서 글을 쓰다 보면 혼자만의 재미에 빠져들기도 합니다.

모든 작가들이 그러하겠지만 저도 첫 문장을 쓸 때는 생각이 많아지는 편입니다. 타인의 글을 읽을 때 첫 문장이 저를 흡인하지 않으면 호기심이 사라졌기에 저 또한 그런 취급을 당하게 될까 봐 그리되는 것이겠죠. 이쯤에서 제 글 한 편을 소개해 보겠습니다. 도입부의 문장이 전개되며 어떻게 변하는지를 살펴보시기를 바라면서요.

저는 아래에 소개되는 글의 첫 문장을 '3년 전에 헤어진 남편과 마주 앉았다.'라고 썼습니다. 저를 모르는 독자들이 읽을 땐 이혼녀인가 싶기도 할 것 같은데, 저는 이혼 경험이 없답니다. 그렇다면 왜 그렇게 썼을까요. 저 또한 은근슬쩍 독자를 유혹하고 싶었기 때문은 아니었을는지요.

베토벤을 만났을까

3년 전에 헤어진 남편과 마주 앉았다. 듬성듬성 흰머리가 늘어난 나와 달리 그는 몇 년간 하나도 변한 게 없다. 잘 지냈냐며 덤덤하게 한 마디 건네 본다. 그도 반색하는 표정 없이 굳은 얼굴로 나를 본다. 하긴 저게 평소 그의 모습이긴 했다.

"베토벤 들려줄까?"

그를 위해 나는 베토벤의 바이올린협주곡 CD를 볼륨 높여 틀어 놓는다. 남편은 오랜 세월 베토벤의 '광팬'이었다. 평생에 그가 그려댄 베토벤의 초상화 스케치만 해도 부지기수고, 우리 집에 있는 LP나 CD 중엔 단연 베토벤 작품이 많은 편이다.

퉁퉁퉁퉁~, 심장이 뛰듯 타악기 팀파니가 작은 소리로 신호음을 터뜨리며 1악장이 울려 퍼진다. 전 같으면 남편이 이때다, 하고 한 마디 끼어들었을 것이다.

들었지, 팀파니 소리? 계속 귀를 세우고 잘 들어봐, 처음부터 팀파니로 시작되는 음악은 없었거든. 이제부터 악기 하나하나가 내는 소리에 주목하며 들어보라고."

그럼 나는 음악 소리를 놓친 게 짜증 나서 볼멘소리를 튕겼을 거다, 가령 이렇게.

"조용히 좀 계셔, 사설은 나중에 늘어놓고. 음악 듣자고 했지, 누가 자기 얘기 듣고 싶다고 했어?"

북소리 같은 팀파니가 잠시 잠깐 등장했다 사라지고 연주는 목관악기 중심으로 제1 주제를 풀어간다. 이번엔 남편이 침묵하며 음악을 듣는 대신 나 혼자서 좋다, 정말 좋다, 소리 내며 감탄사를 넣는다. 음악을 들을 때마다 군소리를 늘어놓아 내 심기를 건드리곤 하던 남편은 눈도 한 번 안 깜빡거리면서 침묵 일관이다. 하지만 그는 지금 말이 하고 싶어 얼마나 입술이 근질근질할 것인가. 자기가 그처럼 떠받들던 베토벤이 이렇게 근사하게 울려 퍼지고 있는데 말이다.

남편의 3주기다. 모처럼 하루를 온전히 그와 함께 하기로 했다. 촛불을 밝힌 후, 나는 남편이 좋아했던 베토벤의 음악을 틀어놓고 그를 위한 연도(가톨릭교회에서 하는 죽은 이를 위한 기도)를 받치는 중이다. 3년 전 이맘때, 그는 위암 말기 판명과 함께 3개월 시한부라는 사형선고를 받았다. 암이 몇 군데로 전이가 되고 수술을 할 수도 없다는 극단의 상황에서 나는 섣부른 낙관이나 눈물 대신 독한 마음을 먹었다. 닥친 현실을 직시하며 수용하기로 한 것이다. 확실성 없는 희망의 옷자락을 부여잡고 시간 낭비 하느니 이 상황을 가감 없이 남편에게 들려주리라, 3개월 시한부라는 말만 빼놓고, 하면서.

어느 날 나는 작심하고 의사가 들려준 얘기를 남편에게 전해주었다. 오래지 않아 세상을 작별할 남편에게 헛된 기대를 품게 하고 싶지 않았다. 이제 남편에게 절실한 건 남은 시간 동안 자기를 돌아보며 최후를 잘 마무리하는 '웰 다잉'이 아닐까 싶었다. 남편의 병상에서 나는 가급적 감정에 휘둘리지 않으려고 나직하게 언성을 깔았다. 나의 목소린 첫 무대에 오른 배우처럼 내 귀에도 어눌하게 들려왔다.

"이변이 없는 한… 언젠가 당신은 눈을 감게 될 거야… 나도 또 언젠가는 뒤를 따르게 되겠지. 그 기간 동안, 가급적 당신의 고통이 덜 했으면 좋겠고…."

　남편은 미동도 않고 내 이야기를 듣고만 있었다. 삶이란 건, 태어나는 순간부터 자기 등에 죽음을 지고 가는 거란 생각이 아주 오래전부터 자리했던 때문인가 나는 남편에게 닥친 일이 그리 낯설지만은 않게 여겨졌다. 좀 일찍 찾아왔다는 게 충격이기는 했다. 하루 이틀 시간이 흐를 때마다 그에게선 생기(生氣)가 비워지고 그만큼의 사기(死氣)로 잠식되는 게 여실히 보였다. 돌발적 식도천공 증세로 피를 낭자하게 토한 이후 그는 물마저도 마실 수 없는 지경에 이르더니 이제 그의 몸에선 죽음과 삶이 시소게임하듯 동시에 내통하는 듯했다. 나는 밤마다, 홀로, 깊숙이, 한숨을 내쉬었다. 우려했던 일은 그리 오래지 않아 들이닥쳤다. 복병은 또다시 예상보다 훨씬 더 빠르게 그의 심장을 겨누어 칼을 꽂았다. 의사는 재빠르게 심폐소생술을 하였지만 그는 인공호흡기를 매단 채 식물인간처럼 아무것도 아무 말도 하지 못했다.

　바이올린 협주곡의 감미로운 서정이 나와 남편을 휘감고 있다. 현의 선율이 알싸하니 가슴을 저민다. 장대함과 미려함이 혼재돼 있는 음악. 한낱 금속 줄에 지나지 않는 현에서 어찌 저런 명주 결 같은 소리가 풀려나오는가. 남편은 생전에 이 곡을 모든 바이올린 협주곡 중 가장 훌륭한 바이올린 협주곡이라고 극찬했었다. 때문에 그의 상기된 해설은 음악이 끝날 때까지 거의 멈출 줄을 몰랐고, 나는 음악을 듣다 말고 이따금 말다툼까지 벌이곤 했다.

　영정 속의 그가 나를 물끄러미 바라본다. 눈가에 물기가 어려 나는 그의 얼굴을 선명하게 볼 수가 없다. 죽어서 간다는 저세상이란 대체 어떤 곳일까. 지금 그가 있는 곳은 빛의 세계일까 어둠의 세계일까. 세상의 종교들은 천국과 지옥을 말하며 환상과 공포를 나열하지만 가보지 않았으니 알 도리가 없다. 영원하고 찬란한 천국까지야 무에 필요할 것인가. 그저 이승에서의 아픔이나 고단함만 잠재워주어도 족할 것 같다. 이제는 달랑 사진으로만 남은 과거완료의 사람. 남편은 생전에, 이담에 죽으면 베토벤을 꼭 만나보고 싶다고 말한 적이 있었다. 그랬기에 나는 기도를 올리다가 말고 하느님께 여쭈었다.

　"제 남편이 베토벤을 만났나요?"

　오늘은 진종일 베토벤을 그에게 들려주었다. 추모미사에 가느라 잠시 집을 비웠을 때도 CD를 반복으로 해 놓고 소리를 끄지 않았다. 음(音)이란 육(肉)과 달리 무게나 형체를 지니지 않았으니 육이 사라진 그에게도 너끈히 가닿았으면 좋겠다. 그는 지금 저세상 어디선가에서 베토벤과 함께 내가 띄운 이 곡을 듣고 있으려나? 그렇게 믿고 싶다.

* 오늘의 제언: 첫 문장이 다음 문장을 읽고 싶도록 썼는지를 살펴보자.

유혹하는 글쓰기 2

지난번에 이어 이번에도 유혹하는 글쓰기에 대해 생각해 보려 합니다. 읽어보셨으면 알겠지만 〈베토벤을 만났을까〉는 다소 습기 어린 글입니다. 남편의 3주기 때 축축한 눈매를 손수건으로 눌러가며 쓴 글이었으니까요. 이 글 또한 제 작품집 〈떠난 그대 서랍을 열고〉에 수록된 글인데, 그 책은 2020년 해드림 출판사에서 첫 번째 기획 수필집을 공모했을 때 당선된 작품집입니다.

그때 응모를 앞두고 목차를 구성하며 가장 앞에 놓은 게 〈키스에 대한 고찰〉이란 작품이었습니다. 두 번째가 〈마늘 까던 남자〉, 세 번째가 〈비아그라 두 알〉, 네 번째가 바로 〈베토벤을 만났을까〉였지요. 키스에 대한 글을 앞세우며 저는 이것 한 가지만 염두에 두었습니다.

"초장에 사로잡아야 해, 초장에!"

누구나 쓸 수 있는 빤한 소재라면 아무리 문장이 유려해도 차별화가 되지 않을 테니까요.

이십 년이 더 된 일입니다만 저도 공모전의 심사위원이 돼 본 적이 있었습니다. 서울 모 구청에서 구민들 상대로 수필 공모를 한 적이 있었는데, 제게 할당된 글만도 수 십 편이었습니다. 당시 저는 초장에서 맥이 빠지거나 비문이 보이거나 철자가 많이 틀렸거나 하는 글은 일단 옆으로 빼놓고 읽었습니다. 워낙 많으니 그럴 수밖에 없었지요. 하지만 이런 심사 과정은 다른 데서도 비슷하리라고 봅니다. 사람을 만날 때도 첫인상이 중요하듯 글을 만날 때도 첫 느낌이 중요하고 초장에 잘 읽히는 글은 대체로 끝까지 잘 읽히는 경우가 많으니까요.

제가 해드림 출판사 기획 수필집 공모에 당선되고 나서 출판사 대표에게 심사 경위를 들으니 그분 역시 모든 글을 끝까지 다 읽지는 않으신 것 같았습니다. 한 권 분량의 책을 낱낱이 다 읽으며 심사한다는 건 보통 고된 작업이 아닌데다가 그 방법이 옳은 것만도 아니니 말입니다.

이승훈 대표께서는 제 글 몇 편을 읽는 동안 당선자로 선정할 마음이 굳어졌다고 하셨지요. 키스에 대한 고찰의 첫 문장은 이렇게 시작됩니다.

'그게 영화 속의 장면이었는지, 누구에게 들은 얘긴지, 아니면 그 두 가지가 합성된 건지는 기억이 모호하다.'

무엇이 그렇다는 건지 밝히지 않음으로써 궁금증을 유발시켰습니다. 그다음 문장에 무엇이 그렇다는 건지에 대한 내용이 이어지지만 처음부터 그렇게 쓰지 않았던 거였지요. 이 글을 읽고 이관희 평론가께서 키스에 대한 고찰이라는 제목에 유혹당하여 읽기 시작했다며 다음과 같은 평을 하신 적이 있었습니다. 그 내용을 일부 옮겨봅니다.

'필자는 이 작품을 제목 〈키스에 대한 고찰〉에 **유혹당하여** 읽기 시작하였다. 그리고 사랑 표현을 하며 살 수 없게 된 꽉 막힌 현실의 가슴 통증이 일시나마 쑥 내려가는 카타르시스를 느꼈다. (중략)

인간이란 무엇인가의 질문에서 절대 빼놓을 수 없는 대답이 인간은 성에서 태어나 성적인 존재로 살다가 성 DNA를 남기고 죽는 머리끝부터 발끝까지 성감대로 되어 있는 온전한 성적 존재라는 것이다. 그렇다면 그 같은 인간의 이야기를 하는 문학인이 서로 만나 대화를 나눌 때 가장 즐겁게 나눌 수 있는 대화가 성, 즉 사랑에 대한 이야기일 것은 당연한 일이 아닌가. (중략) 그런데 필자가 본 수필가들의 모임은 교회당보다 더 거룩하지 않은가!

(중략)

　대한민국의 문학 아닌 수필이라는 잡문, 신변잡기는 '수필과 인품이 일치해야' 주장이 활개치고 다닐 정도로 거룩한 글쓰기가 되었다. (중략)

　그러니 저들에게 〈키스에 대한 고찰〉이라는 작품 제목은 얼마나 낯 뜨겁고 망측스러운 제목일까? (중략)

　이 작품은 사랑 표현이 능멸당하고 있는 말세적 사회현상에 잠시나마 숨 쉴 공간을 열어주는 작법만으로도 즐겁다. 〈키스에 대한 고찰〉! 그 당당한 제목 잡기에 박수를 보낸다.'

카뮈의 소설 〈이방인〉은 이렇게 시작됩니다.
'오늘 어머니가 돌아가셨다. 어쩌면 어제였는지도 모른다. 잘 모르겠다.'
　그의 소설 〈전락〉은 도입부가 이렇습니다.
'선생, 폐가 되지 않는다면 제가 도와드릴까요? 이 가게의 운명을 주관하시는 저 존경하는 '고릴라' 양반께서 당신 말을 알아듣지 못할까 봐 염려스럽군요.'

　피츠제랄드의 〈위대한 개츠비〉도 소개해 볼까요.
'내가 어리고 마음이 여렸던 시절 아버지가 나에게 충고해 주신 말씀이 있는데, 나는 그 말씀을 줄곧 마음속에 되뇌이며 살아왔다. 아버지는 이렇게 말씀하셨다.

"네가 남을 비판하고 싶을 때는 언제든지 이 점을 먼저 생각하거라. 이 세상 사람이 다 너처럼 유리한 처지에 있지는 못했다는 걸 말이야."

2004년도 이상문학상 작품집에 나오는 박민규 소설가의 〈고마워, 과연 너구리야〉라는 제목부터 엉뚱하고 특이한 그의 소설은 이렇게 포문을 열었지요.

'존경스럽다. 존경스러워.' 삼 분째 이어진 B의 비아냥을 '존경스러워.'에서 딸깍 끊어버린 것은 B가 싫어서도, 비아냥의 수위가 분을 넘쳤기 때문도 아니었다. 세 개의 책상 열(列)과 사무기기군(群)을 넘어서, 손정수 팀장의 목소리가 들려왔기 때문이다. '네'라고 힘차게 대답하며 뛰어가는 나는 '이곳 월 커뮤니케이션의 인턴사원이다. 4개월째다. 내가 생각해도 존경스럽다.'

2004년도 이상 문학상 대상 수상작은 김훈의 〈화장〉이었는데, 박민규의 소설은 우수작 상을 받았고 다음과 같은 평이 실려 있었습니다.

'천편일률적인 스토리텔링이 지배적인 한국문단에서 박민규의

〈고마워, 과연 너구리야〉는 색다른 서사 기법을 보여준다. 다분히 심각하고 중후한 주제를 대단히 유희적인 문체로 풀어나간 이 소설은 우선 재미있게 잘 읽힌다. 잘 안 읽히는 전통적인 기법의 소설들보다는 이렇게 새로운 발상과 기법의 소설이 훨씬 낫다는 생각이 들 만큼, 이 소설은 우회적이며 신선하고 새롭게 느껴진다.(중략)'

K 씨,

당신이 쓰려는 글은 소설이나 수필이 아닐 수 있습니다. 하지만 어느 장르의 글을 쓰든 글이 유혹적이어야 한다는 원리는 상통한다고 생각합니다. 어떤 글이든 읽는 사람으로 하여금 흥미를 느끼게 하고 끝까지 읽어갈 수 있도록 해야 당신이 쓴 글이 버림받지 않을 테니까요. 그것이 한 통의 편지가 되었든, 진정서가 되었든 생활수필이 되었든 당신의 손끝을 떠나 독자의 손으로 들어가면 독자들이 얼마나 몰입하며 읽을 수 있는가가 관건이 됩니다.

살아오는 동안 당신이 인상 깊고 감동적으로 읽었던 글이 어떤 것이었는가를 생각해 보십시오. 그 글을 다시 한번 살펴보고 그게 무엇이었나를 캐내어 보십시오. 이 편지를 쓰다 말고 허리 펼 겸 잠시 누워 시 모음집을 펼쳐들었더니 안도현 시인의 시가 보이더군요.

아주 작고 하찮은 것이

아주 작고 하찮은 것이
내 몸에 들어올 때가 있네
도꼬마리의 까슬까슬한 씨앗이라든가
내 겨드랑이에 슬쩍 닿는 민석이의 손가락이라든가
잊을 만하면 한 번씩 찾아와서 나를 갈아엎는
치통이라든가 귀틀집 처마 끝에서 떨어지는 낙숫물 소리라든가
수업 끝난 오후의 자장면 냄새 같은 거
내 몸에 들어와서
아주 작고 하찮은 것이
마구 양푼 같은 내 가슴을 긁어댈 때가 있네
사내도 혼자 울고 싶을 때가 있네
고대광실 구름 같은 집이 아니라
구름 위에 실컷 웅크리고 있다가
때가 오면 천하를 때릴 천둥 번개 소리가 아니라
아주 작고 하찮은 것이
내 몸에 들어오면
나는 견딜 수 없이 서러워져
소주 한잔 마시러 가네
소주, 아주 작고 하찮은 것이

내 몸이 저의 감옥인 줄도 모르고

내 몸에 들어와서

나를 뜨겁게 껴안을 때가 있네

글을 쓰고 싶은 당신의 욕망은 작고 하찮은 것일 수도 있습니다. 하지만 안도현 시인의 말처럼 그 생각은 '잊을 만하면 한 번씩 찾아와서 나를 갈아엎는 치통이라든가 귀틀집 처마 끝에서 떨어지는 낙숫물 소리'처럼 당신을 긁어댈 지도 모릅니다. 그리고 그것이 소주처럼 몸에 들어와 당신을 뜨겁게 할지도요.

* 오늘의 제언: 글을 쓰고 싶은 자신의 욕망이 하룻밤 스쳐가는 바람이 아닌지를 점검하자.

글 때문에 울어본 적 있었나요?

　스물세 번째 글을 쓰면서 제목을 '글 때문에 울어본 적 있었나요?'로 잡았습니다. 다른 이들도 그런 적이 있었는지 문득 궁금해졌기 때문이었지요. 몇 번씩이나 저에게 어떻게 하면 글을 잘 쓸 수 있느냐고 묻는 당신의 마음속에도 분명 치통처럼 당신을 갈아엎는, 소주처럼 당신을 뜨겁게 하는 열망이 꿈틀대며 손톱의 거스러미처럼 당신을 성가시게 하며 아프게도 한 적이 있지 않았을까 싶었던 겁니다. 성품이 강직하거나 낙천적인 사람이라면 이만한 일로 울기까지야 하겠습니까만 사십 대적의 저는 큰 소리로 울어 본 적이 있기 때문이지요. 글 실력이 자신의 욕망에 비례해 주지 않을 때 저는 그 절망감과 답답함과 자괴감으로 혼자 그렇게 울어 본 적이 있었답니다. 어쩌면 가슴에 웅크리고 있던 제 삶의 고달픔과 신산함으로 인한 우울감이 글쓰기에 대한 절망으로 흘리는 눈물에 편승한 거였는지도 모르지만요.

남성 작가였다면 애꿎은 담배나 연신 피워대든가 소주 병나발을 불던가 했겠지만 저는 비명을 내지르듯 아~악 소리를 내지르곤 그 소리에 스스로 깜짝 놀랐고 그런 다음 펑펑 울어버렸습니다. 그러고는 얼마 후 문우들과 작품 합평을 할 때 멋쩍은 웃음을 흘리며 그 사실을 털어놓았습니다. 내가 쓴 글이 하도 마음에 안 들어 실성이라도 한 듯 소리 내며 울었노라고. 그러자 문우 둘이 이구동성으로 말했습니다.

"우리도 답답하긴 마찬가지지만 그렇다고 눈물까지야…. 울 만큼 열정이 있으니 민혜 선생은 앞으로 글 좀 쓰시겠군요."

저는 그 말에 또 웃고 말았습니다. 솔직히 기분이 좋았어요. 무조건 그 말을 믿고 싶었습니다. 부디 그리만 된다면 열 번이고 백 번이고 울지 못할 이유가 뭐 있을까 싶었던 거지요.

그 후 제 글이 얼마나 늘었는지는 모르겠지만 분명한 건 글쓰기를 손에서 놓지 않았다는 사실입니다. 실은 그 이후 남편이 병에 걸리고 사는 일이 힘들어져 2년여 글쓰기를 놓아버린 적이 있긴 했지만 낙서나 잡문이라도 쓰기는 했었으니까요. 그것조차 안 쓰면 머리에 녹이 슬 것만 같았습니다. 당시 저는 2년여 동안 책을 전혀 읽지 않았고 수필도 쓰지 않았습니다. 남편은 힘들다며 술로 살아가는데 저는 책상 앞에 앉아 돈푼도 생기지 않는 글이나 읽고 쓰려니 스스로 한심하고 자조적인 기분이 들어 집안의 책들을 다 내다 버리고만 싶기도 했습니다. '문약(文弱)하다'라는 말이 있듯 글 때문에 내 인생이 생활력을 잃고 음지 식물처럼 빈약해진 게 아닌가 하는 회의도 들었지요. 물신주의 시대를 살아가면서 돈푼도 되지 않는 글이나 쓰고 있다니요. 문학의 위기를 말하는데 기울어진 배를 타고 있다니요.

이천년 대 초반 무렵 저는 Daum에서 제공했던 '플래닛'이란 개인적인 공간에 매일 글을 썼습니다. 글을 올리면 미지의 사람들이 들어와 읽고 친구 신청을 하기도 했지만 저는 전혀 응답하지 않았습니다. 인터넷 커뮤니티에 익숙하지 않았고 신뢰감도 가지 않았으니까요. 저는 플래닛에 '내 마음 한 자락'이란 코너를 마련해 놓고 단상을 적기 시작했습니다. 노트에 적는 것과 달라서 적어놓곤 두 번 다시 읽지 않았기에 무얼 써놨는지 거의 잊어버렸지요.

한데 이게 시간이 지나가다 보니 수백 편이 되고 마침내 천 편에 이르는 거였습니다. 어느 날 저는 기록의 시간을 거꾸로 되돌려가며 자신의 글을 훑어보다가 회심의 미소를 지었습니다. 이렇게라도 쓰기를 잘 했다고, 여기서도 잘만 하면 글감을 뽑아낼 수 있겠다고 기뻐하면서요.

무엇이든 매일같이 꾸준히 한다는 것, 이게 중요한 거겠지요. 학생이라면 공부를, 운동선수라면 운동을, 연주자라면 연주를, 무용수라면 무용을, 작가라면 글쓰기를….

모든 연주가들이 그렇지만 러시아의 피아니스트 스비아토슬라프 리히터는 말년에도 하루 7~8시간을 연습했다고 합니다. 대가들이 이러할진대 범인인 우리는 더 말할 게 없을 겁니다. 연습은 고달프고 아무리 노력해도 진척이 없을 땐 절망감이 찾아들고 그래서 울어버리고 싶어질 때가 찾아들지만 그 울음조차도 연습에 녹아드는 게 아닐는지요. 티끌 모아 태산이라고, 눈송이는 종잇장보다 가볍지만 그게 나뭇가지에 쌓여 우지끈 소리를 내며 부러뜨리는 걸 보면 쉬지 않고 하는 것의 위력을 새삼 절감하게 됩니다.

미국의 사회학자 피터 드러커는 글쓰기에 집중했던 60세 이후의 30년이 자신의 전성기였노라고 밝힌 바 있습니다. 글을 쓰는 한 언제나 전성기라는 겁니다. 글쓰기에 은퇴는 없어 나이와 상관없이 초. 중, 노년에도 쓸 수 있고 글을 쓰는 한 평생 현역 인생이 되는 거지요. 이 말을 하고 나니 금아 피천득 선생님이 떠오릅니다. 선생님의 호 금아(琴兒)는 '거문고를 타고 노는 때 묻지 않은 아이'라는 의미로 춘원(春園) 이광수 선생께서 지어주신 거라 하더군요. 과연 그분의 호답구나 싶었습니다.

등단 초기에 저를 포함한 문우들 여섯이서 반포에 사시던

피천득 선생님댁을 찾아간 적이 있었답니다. 사전에 방문 약속을 하고 찾아갔는데, 선생님은 감사하게도 초면인 우리들에게 점심(집밥)까지 대접해 주셨습니다. 당시 첫 출간했던 우리의 공동 수필집 〈꿈꾸는 역마살〉을 미리 보내드리고 선생님으로부터 촌평도 들어볼 생각이었지요.

선생님의 자택인 반포 아파트에는 160cm가 안돼 보이는 단신의 선생님과 그보다 더 키가 작고 허리가 구부정한 사모님이 살고 계셨고, 식사 후에 선생님은 방 구경을 시켜주셨습니다. 두 내외분은 매우 따뜻하고 다정하셨지요. 우리는 두어 시간 머물며 글에서 보았던 따님 서영이와 그녀의 인형 얘기도 듣고, 그림을 벽에 걸지 않고 바닥 벽에 세워 둔 것도 보고, 선생님이 좋아했던 탤런트의 브로마이드도 살짝 눈여겨보다가 왜, 이제는 글을 쓰지 않으시냐고 질문했습니다. 그러자 금아 선생님은, 글은 정서로 쓰는데, 정서도 말라가고 글이 예전에 비해 좋아지지 않았다는 생각이 들었을 때 붓을 꺾게 되었노라는 말씀을 하셨습니다.

그때만 해도 저는 사십 대였기에 육십 대란 나이가 까마득히 느껴졌고 육십이 넘으면 다들 금아 선생님처럼 되는 줄로 알았습니다. 당시와 지금은 상황이 달라졌지만 훗날 생각하니 금아 선생님은 너무 일찍 접으신 게 아닌가 싶었지요. 일찍부터 두각을 나타내고 유명세를 치른 분이라 그런가 하는 생각도 들었고요.

　하지만 세상은 계속적으로 변화하기에 이제까지 유효했던 전제가 갑자기 의미가 없어지거나 달라지는 것이 오늘의 현실입니다. 그러니까 피천득 선생님은 그때까지의 견해로 판단하며 일찍 절필하신 셈이 된 거지요. 장수인의 롤 모델로 여겨지는 김형석 교수님을 보십시오. 그분은 백년을 살아보니 인생의 황금기는 60~75세라고 하셨습니다. 어쩌면 이 또한 그분이 살아온 걸 기준으로 말씀하신 것일 테니 앞으론 이마저도 변할 수 있는 게 아니겠는지요. 저는 이 글을 쓰다가 세 분의 출생 연대가 궁금해져 조사해 보았습니다.

피터 드러커: 1909년 11월 11일 출생~2005년 11월 11일 사망
피천득: 1910년 4월 21일 출생~2005년 5월 25일 사망
김형석: 1920년 7월 6일 출생~

　세 분 모두가 비슷한 연대에 태어나 장수하신 공통점이 보입니다. 10년쯤 후에 태어나신 김형석 교수님만 백수를 넘기고 아직 현존해 계시는데, 웬만큼 건강을 지닌 현대인들이라면 120세까지도 살아갈 수 있지 않을까요? 그러니 우리에겐 글 쓸 시간이 아직 많이 남아 있다고 낙관해도 될 것 같습니다. 그 시간은 곧 우리의 기량을 닦는 연습 시간이 될 것이고,

아울러 우리의 열정을 불태울 시간이 될 것입니다.

  이 글을 마치며 찰스 부코스키의 시 〈공기. 빛, 시간, 공간〉의 일부를 소개해 보겠습니다.

> 그렇지 않아, 친구.
> 창작을 하고자 하는 사람은
> 탄광 속에서 하루에 열여섯 시간을 일해도
> 창작을 해내지.
> 작은방 한 칸에 애가 셋이고
> 정부 보조금으로 생활해도
> 창작을 해내지.
> 마음이 분열되고 몸이 찢겨 나가도
> 창작할 사람은 창작을 하지.
> 눈이 멀고
> 불구가 되고
> 정신이 온전치 않아도
> 창작을 해내지.

> *오늘의 제언: 모든 꽃이 봄에만 피는 것은 아니다.

글쓰기도 반려(伴侶)가 된다

　현대는 장수시대입니다. 누구나 장수하는 건 아니지만 대다수가 장수하며 살아갑니다. 한데 가정을 이룬 사람들은 배우자와 한 날 한 시에 떠나는 게 아니라서 누군가는 혼자 남아야만 하는 문제가 따릅니다. 노령(老齡)이란 신체적으로도 약골이 돼가는 시기이지만 정신적으로도 한기가 찾아드는 시기라 노화(老化)를 힘겨워 하는 분들도 적지 않습니다. 특별한 취미가 없거나 자기 일이 없는 사람들이 특히 그렇더군요.

　현대는 또한 반려동물 가족의 시대입니다. 몇 년 전만 해도 반려동물 인구가 1,000만이라 하더니 이제는 1,500만이나 되었답니다. 국민 넷 중 한 명은 반려동물과 살아간다는 거지요. 그뿐만 아니라 요즘은 식물에게도 반려라는 이름을 붙여주며 살아갑니다. 동물을 키울 형편이 안 되는 저는 후자 인생을 택했습니다.

 제가 키우는 화초 중엔 작은 화분으로 들어와서 20여 년 넘게 함께 살면서 크게 성장하며 번식한 식물들이 꽤 있으니 반려라는 표현이 어색하지만은 않더군요. 게다가 저는 식물들에게 말도 건네고 잘 자라주어 고맙다고 칭찬도 해주니 말입니다.

 하지만 저에게는 그보다 더 속정 깊고 의미 있는 반려가 있습니다. 바로 글쓰기입니다. 이 편지에서도 밝힌 적이 있듯 저는 여러 지인들에게 글쓰기를 권하곤 했었습니다. 그때마다 제가 입버릇처럼 하는 말은,

 첫째, 글쓰기는 돈이 안 든다,

 둘째, 미술이나 음악처럼 무슨 도구가 필요하지 않아 집안을 어지를 일도 없다, 였습니다.

 사실 저는 미술에도 취미가 있어 틈틈이 그림 장난을 즐기곤 했답니다. 화구를 따로 장만하지 않고 집에 굴러다니는 색연필이나 크레파스로 종이에 그림을 그리곤 했지요. 그러던 중 화가이며 수필가인 어떤 선생님께서 어느 날 캔버스와 아크릴 물감과 붓을 선물로 보내주셨습니다. 저는 한 번도 미술지도를 받아 본 적은 없지만 초등학교부터 중고등 과정의 12년 동안 미술 실기점수만은 우수한 성적을 받았기에 그

잠재 능력만 믿고 저 나름의 막 그림을 즐겼던 거지요. 따로 그림 배울 시간을 내자니 손녀를 돌봐주던 제 형편으론 여의치가 않았던 겁니다.

한데 정작 그림도구가 생기고 보니, 게다가 그것이 선물 받은 것이다 보니 은근히 부담감이 생기더군요. 그분께 제가 그린 부족한 실력의 그림이라도 보여드려야 선물한 보람을 느끼실 것 같은 중압감이 생겼습니다.

어느 날 저는 마음먹고 화구를 펼쳤습니다. 그림 실력이야 여하 간에 그리는 동안은 흠뻑 빠져들며 즐거웠습니다. 아크릴 물감은 유화물감에 비해 빨리 말라서 망쳐도 그 위에 덧칠 하고 다시 그리면 되니까 재미있더군요. 문제는 그림을 그리면 글이 안 써진다는 사실이었습니다. 게다가 손이 지저분해지고 집안이 어수선해지고…. 그러다 보니 저는 마치 두 애인 사이에서 고민하는 사람처럼 되고 말았습니다. 하지만 그림은 새로 만난 애인 같은 것이고 글쓰기는 편안하고 익숙한 배우자와도 같은 거였습니다. 저는 망설임 없이 배우자를 택했지요.

이야기가 삼천포로 빠졌는데, 배우자 얘기가 나왔으니 배우자로 돌아가 보지요. 아까도 말했듯 인간 배우자는 언젠가 이별을 하게 됩니다. 남편이 먼저 가든 아내가 먼저 가든 말이지요. K 씨도 남편과 사별했고, 저 또한 남편과 사별했습니다. 일반적으론 여성이 장수하지만 제가 아는 수필가 한 분은 병으로 최근 아내가 떠나가 혼자되셨습니다. 그분은 애처가이시고 부부의 금슬도 좋았습니다. 아무리 금슬이 좋았다 해도 이별을 당해낼 수가 없는 게 우리네 인생이지만 글쓰기를 반려로 삼는다면 이별은 없습니다. 적어도 자신이 내치거나 사망에 이르기 전까지는 말입니다.

저는 때때로 이런 상상을 해 본 적이 있답니다. 만약 글을 쓸 때마다 문자에서 소리가 났다면 이토록 오랜 기간 쓸 수 없었을 거라고. 그러나 문자는 늘 고요히 내 곁을 따라옵니다. 더러는 자기가 나를 인도하기도 하면서 말입니다. 왜 하필 문자와 소리를 연결시켜 공상을 했는가 하면, 사람이란 아무리 좋아도 이따금 대화가 엇나가고 대화로 인해 언짢아지는가 하면 아무리 가까운 사이라도 존재의 거리를 필요로 하게 되니 말입니다. 다행히도 글쓰기라는 친구에겐 그런 게 없습니다. 물론 글 쓰는 이의 성에 차지 않을 땐 절망과 고통을 안겨주기도 하지만 그렇다고 그가 성을 내거나 하는 건 아니잖아요. 말없이 곁에서 기다려줄 뿐이지요. 그러면서 글 쓰는 이를 성장시켜줍니다.

글쓰기가 때론 거울처럼 느껴질 때도 있습니다. 자신을 조용히 비춰주니까요. 그 글 속엔 내가 있습니다. 내 삶의 궤적이 있고, 내 생각의 흐름이 있고, 내 기쁨이 있고, 내 눈물이 있습니다. 또한 천사적인 내가 있고 악마적인 나도 있으며 나의 치부도 있습니다. 김홍신 작가는 '수필은 내 흔적을 글로 나타내는 것이기에 잉크를 찍어 쓰는 게 아니라 혼(魂)을 찍어 나를 밝히는 생각 증명서'라고 했습니다. 수필도 수필 나름이니 과분한 감이 없지 않았으나 생각 증명서란 표현엔 매우 공감을 느꼈습니다.

  사람은 죽어서 이름을 남긴다던가요. 그 이름은 몇 줄의 서사로 요약될 뿐이지만 글로 적으면 그 속엔 한 인간의 삶이 통째로 들어갈 수도 있고, 한 집안의 역사가 들어갈 수도 있고, 후손에게 남기고 싶은 뜻이 계속 이어질 수도 있습니다. 앞서 얘기했던 그 수필가의 아내는 지병으로 여러 해 고생하다가 운명하셨는데, 아내가 병석에 있는 동안 남편 수필가께서 그 아내를 소재로 쓴 글들이 몇 편 됩니다. 이제 아내는 가고 없어도 남편이 적어 놓은 글들 속에 활자로 남았으니 언제까지나 현재진행형으로 글 속에서 숨을 쉬고 계시겠지요.

  삶에서 찾아드는 환난이나 고통을 괴로워하는 건 당연지사겠지만 그 고통이 아무런 의미 없다고 여겨질 때 더 고통스러운 것 같습니다. 마치 구약 성경에 나오는 욥이 갑작스레 불어닥친 고난에 스러져 신음하며 고통스러워하는 것처럼 말이지요. 삶에 찾아드는 인간의 고난은 그 원인을 알 수 있는 것도 있지만 의인 욥이 당한 것처럼 원인을 알 수 없는 고난도 있습니다. 그럴 때 신앙이 있는 사람들은 신앙의 대상을 향해 "대체 왜?" 하고 부르짖습니다.

우리를 절규하게 했던 세월호 참사나, 근래 벌어진 이태원 참사에서도 보듯 무고한 생명의 갑작스러운 비극 앞에서 우리는 무너지는 슬픔과 충격을 금할 수가 없습니다. 하나의 사태를 바라보는 시선은 다양합니다. 욥기를 보면 욥은 세 친구들과 차례로 벌이는 논쟁에서 자기 결백과 자기에게 닥친 고통의 부당함을 주장하는 반면, 세 친구들은 욥이 죄가 있기 때문에 그런 일이 생긴 거라고 주장합니다. 사회적인 참사를 두고도 의견들이 분분하듯 말이지요.

저의 저서 〈어머니의 불〉에 나오는 제 친정어머니도 반세기가 넘는 세월을 일기 쓰기를 반려로 삼으며 사셨습니다. 삶의 고통이 극에 달했을 땐 어머니도 일기에 대고 절규하셨지요. 1967년 9월 22일의 어머니 일기의 제목은 '죄인에게 말하소서'였습니다. 어머니는 일기에다가 '당신(하느님)이 그런다고 내가 당신을 버릴 줄 아느냐, 어디 당신이 이기는지 내가 이기는지 두고 보자.'라고 썼습니다. 어머니의 일기는 피와 눈물을 찍어 쓴 흔적들이었습니다.

혹시라도 세월호나 이태원 참사를 겪은 가족분들 중에 그 비극적 경험을 글로 쓰신 분이 계신지 모르겠습니다만 그분들도 나름의 기록을 남기시기를, 하늘나라로 떠나간 사랑하는 자식이나 가족에 대한 해원(解冤)과 못다 한 사랑을 노래를 편지를 써보시기를 바랍니다.

* 오늘의 제언: 사람은 떠나도 글은 남는다.

외로워서 쓴다지만

 이십여 일 전입니다. 오랜만에 저는 도봉산 기슭을 이리 저리 걷고 있었습니다. 이젠 기운도 고갈됐지만 계절도 겨울인지라 능선을 타는 건 더더욱 엄두가 안 나더군요. 예전엔 고봉을 바라보면 오르고 싶다는 생각만 들었는데 고령자가 되고 나니 근래엔 높은 곳을 바라만 봐도 넘어지고 부상당하는 불길한 광경부터 연상이 됩니다. 게다가 전에 다니던 등산로가 더러 달라지기도 하고, 알던 길도 아리송해서 자칫 미아가 될 것만 같아 이 길 저 길을 조금씩 오르다가 내려와 다시 다른 능선을 천천히 걸어보기도 했습니다. 도봉산의 높다란 봉우리인 만장봉, 선인봉, 주봉 등을 바라볼 때마다 한때는 저 높은 곳을 겁도 없이 오르내렸구나 하는 감회에 젖기도 하면서요.

하산 길의 어느 지점에 이르렀을 때였습니다. 바위에 새겨진 영문자가 보이더군요. 도봉산엔 외국인들도 많이 오는지라 누군가의 이름인 듯했습니다. 요즘엔 덜 하지만 전에는 바위에 자기 이름자를 새기는 사람들이 있었습니다. 자신이 다녀간 흔적을 남기려는 심사였겠지요. 한데 이번엔 누군지 모를 외국인이 이와 같은 행위를 했다는 게 이색적이었습니다. 저는 외국 산엘 오른 적이 드물기에 그네들도 우리처럼 바위에 자기 이름을 새기는지에 대해서 알 수 없지만 아무튼 그 흔적은 '나 여기 다녀간다'는 표시가 아니겠는지요. 자신의 이름을 새기는 사람들의 심리 속엔 자신을 위시하여 불특정 다수의 등산객을 향해 짧게나마 말을 건네고 싶은 뭔가가 숨어 있었던 게 아닐까요. 돌에 새기는 행위란 그런 마음을 표출하는 단발적(單發的) 몸짓인지도 모르겠습니다.

글을 써서 발표하는 행위 또한 이와 유사할 것 같습니다. 혼자 아무 말 없이 지내기엔, 그렇게 살다 가기엔 뭔가 무의미하고 외로워서, 혹은 불의한 세상을 향해 비분강개하는 마음으로 '내 말 좀 들어 보시오!' 하고 외치는 심사 같은 거 말입니다.

어제 저는 안중근 의사의 자서전을 읽었습니다. 안 의사 자서전은 순 한문으로 썼던 〈安應七 歷史〉라는 제목의 글을 국역한 것인데, 응칠은 안중근 의사의 자(子)로서 그분의 배와 가슴에 일곱 개의 검은 점이 있어 자를 응칠이라고 했답니다.
〈안응칠 역사〉는 1909년 10월 26일 하르빈 역에서 이등방문을 저격한 후 수감된 그 해 12월 13일부터 집필하여 이듬해인 1910년 순국하기 전 3월 15일에 탈고한 93일간의 자전적인 기록입니다. 그러니까 자신의 죽음을 앞두고 쓰신 글이지요. 혼을 찍어 써나갔을 자서전의 도입부는 이렇습니다.

'1879년 기묘(己卯) 7월 16일, 대한국 황해도 해주부(海州府) 수양산(首陽山) 아래서 한 남자아이가 태어나니 성은 안(安)이요, 이름은 중근(重根), 자(子)는 응칠(應七)이라 하였다.'

자연인 안중근 자신의 출생부터 기록하여 써나갔던 장렬한 역사의 대미는 다음과 같습니다.

'그때 홍 신부가 내게 성교(聖敎)의 도리를 가지고 훈계한 뒤에 이튿날 고해성사를 주고, 또 이튿날 아침 감옥에 와서 미사성제 대례를 거행하고, 성체성사로 천주의 특별한 은혜를 받으니 감사하기 이를 데 없었는데, 이때 감옥소에 있는 일반 관리들이 모두 와서 참례했었다.
그 이튿날 오후 2시쯤에 또 와서 내게 이르되,
"오늘 한국으로 돌아가겠기에 작별 차 왔다." 하고, 서로 이야기

를 몇 시간 동안 한 뒤에 손목을 쥐고 서로 작별하며 내게 말하되,

"인자하신 천주께서 너를 버리지 않을 것이요, 반드시 거두어 주실 것이니 안심하고 있으라."

하며 손을 들어 나를 향하여 강복한 뒤 떠나가니, 때는 1910년 경술 2월 초 1일 오후 2시쯤이었다(음력)

이상이 안중근의 32년 동안의 역사의 대강이다.

1910년 경술 음력 2월 초 5일(양력 3월 15일)
여순 옥중에서
대한국인 안 중근이 쓰다

이렇듯 모든 글은, 그것이 범인의 글이든 대의명분을 위해 살아간 위인의 글이든 우선은 자기에게 말을 걸고(자신의 글을 가장 먼저 읽는 사람은 자기 자신이니까), 이어서 타인과 세상을 향해 말을 건네는 작업입니다. 상대가 내 말(글)에 고개를 끄덕이며 공감해 주기를 바라는 마음으로, 그리하여 나 홀로가 아닌 나와 너의 연결과 합일을 꿈꾸며, 더 나아가 나와 세상이 교감되는 희망을 꿈꾸는 작업 말입니다.

이 세상엔 자서전을 내는 유명 인사들도 많지만, 유명인이 아니어도 자기 약전(略傳)을 기록하여 자기의 후손들에게 남겨주는 것도 의미롭지 않을까 싶더군요.

사람마다 글을 쓰는 이유가 조금씩 다를 수는 있겠습니다만 소설 〈동물농장〉의 작가 조지 오웰은 글을 쓰는 이유를 다음과 같이 말했습니다.

    첫째: 순전한 이기심(똑똑해 보이고 사람들의 입에 오르내리며 죽은 뒤에도 기억되고 싶은 욕망에서)
    둘째: 심미적 열정(외부 세계의 아름다움이나 언어 자체의 아름다움을 글로 표현해 보고 싶은 욕망에서)
    셋째: 역사적 충동(사물을 있는 그대로 보고 진실한 사실을 발견해 뒷날 후대가 사용할 수 있도록 기록하려는 욕망)
    넷째: 정치적 목적(세상을 어떤 방향으로 밀고 나가 다른 사람들의 생각을 바꾸려는 욕망)

조지 오웰의 말이 모든 작가들의 집필 동기와 딱 맞아떨어지는 건 아닐 겁니다. 어떤 이에겐 조지 오웰의 분석 중 첫째 항목에만 해당될 것이고, 어떤 이는 두세 항목에 해당될 것 같습니다만 동기야 어떠했든 글을 쓴다는 건 누구에겐가 자기 생각과 느낌을 전하는 일이기에 픽션이 아니라면 이야기의 내용이나 성격도 자기 본위가 되기 십상입니다.

남의 이야기를 썼다 해도 거기엔 필자의 의견이 개입되게 마련이고 수기나 수필 류의 글들엔 작가의 개인사적인 얘기나 신변 이야기가 많이 등장합니다. 부모나 가족, 고향은 줄기차게 다뤄지는 소재입니다. 친구나 남편 아내 자식 손주 이야기도 등장하고, 취미나 자기 과시적인 글도 더러 보입니다. 하지만 남에게 내보이는 글이 자기도취에만 머문다면 공감해 줄 독자는 자신에 국한되고 말겠지요. 자기라는 우물 안에 갇히지 않기 위해 시야를 넓히고 소재 확대를 위해 부단한 노력을 기울여야 하겠습니다. 우리가 구양수의 다문다독다상량(多聞多讀多商量)을 언제나 환기하고 새겨야 하는 까닭이 거기에 있습니다.

　다독(多讀), 하니 떠오르는 사람이 있군요. 조선시대의 시인 백곡(栢谷) 김득신입니다. 그는 자신의 〈독수기(讀數記)〉에 여러 책을 읽은 횟수를 기록했는데, 사마천의 〈사기〉 가운데 〈백이전〉은 무려 1억 1만 3,000차례 읽었다고 합니다. 자신의 서재를 '억만재'라 이름 짓기도 했다지요. 김득신은 어릴 때 천연두를 앓았으나 다행히 살아남았는데, 그때의 영향인지 매우 아둔하여 열 살이 돼서야 글을 깨우쳤으며 그것도 뒤돌아서면 모두 잊는 수준이었다고 합니다. 한마디로 그는 인간 승리의 표상이자 노력의 끝판 왕이었던 사람 같습니다.

　이와 맥락이 유사한 인디언의 이야기가 전해지는데, 미국 애리조나 사막 지역에 사는 인디언 호피족이 기우제를 드리면 반드시 비가 왔다고 합니다. 그럴 수밖에 없는 것이 그들은 비가 올 때까지 기우제를 올린다는 것이죠. 김득신 당시의 1억은 십만을 뜻하는 단위여서 요즘으로 환산하면 11만 3000 번에 해당된다고 하지만, 1억 번이든 10만 번이든 1만 번이든 1천 번이든 저 같은 사람에겐 똑같이 천문학적 숫자이기에 그런 일화를 접할 때면 글쓰기의 힘듦을 토로하는 것조차 빈 수레의 엄살만 같아집니다. 우리가 무슨 일에 그만큼 우직하게 정성을 쏟으며 몰입할 수만 있다면 바위도 구멍이 날 것이고 존재의 외로움이나 추위도 그 열정의 도가니 안에서 다 소멸될 것 같습니다. 태양이 떠오르면 뭇 별들이 다 그 빛을 잃는 것처럼요.

다문다독다상량은 물론이지만 작가는 또한 자기만의 것을 개발해야 합니다. 아무리 색다른 소재로 글을 쓴다 해도 인간의 삶이라는 틀에서 볼 때 전혀 기상천외한 것을 다룰 수는 없을 겁니다. 우리는 누구나 기본적으로 혈연관계에 얽혀 있고 생로병사의 굴레에서 살아가고 오욕칠정에 얽혀 살아갑니다. 그럼에도 각자의 모습이 다르듯 자기만의 개성을 담아낼 수 있어야겠지요.

주방에서 된장찌개를 끓일 때에도 어떤 용기를 사용하느냐에 따라 맛이 다르게 느껴집니다. 냄비일 때와 뚝배기 일 때의 맛이 다르지요. 마찬가지로 유사한 소재를 다룬다 해도 작가들이 담아내는 용기에 따라 그 음식의 맛이 달라질 겁니다. 하물며 어순의 처리에 따라서도 글맛이 미묘하게 달라집니다. 방금 급조한 문장 하나를 예로 들어보겠습니다. 마침 저의 집 창밖엔 흰 눈이 내리고 있으니 흰 눈으로 문장을 만들어보기로 하지요.

<u>지금 창밖엔 흰 눈이 내리고 있다.</u>
<u>흰 눈이 내리고 있다, 지금 창밖엔.</u>

또 하나를 소개해 보겠습니다. 〈떠난 그대 서랍을 열고〉의 맨 끝에 나오는 글 〈십만 원〉의 마지막 문장은 다음과 같습니다.

<u>'나는 1만 원 권 열 뭉치를 들고 있는 내 손을 허탈하게 바라보았다. 십만 원을 덜어냈던 그 손이었다.'</u>
한데 만약 이 문장을 이렇게 썼으면 어땠을까요?
<u>'나는 십만 원을 덜어냈던 내 손에 들려 있는 1만 원 권 열 뭉치를 허탈하게 바라보았다.'</u>

전자의 시선이 십만 원을 덜어냈던 '손'에 집중돼 있다면 후자의 시선은 '1만 원 권 열 뭉치'에 가 있습니다.

이덕무의 산문 선집 〈책에 미친 바보〉에 이런 구절이 있습니다.

'무릇 사람은 누구나 자기만의 문장 하나가 가슴속에 담겨 있는데, 이는 마치 그 얼굴이 서로 닮지 않은 것과 같다. 만일 모두가 똑같기를 바란다면 인쇄되어 나온 그림이나 과거시험 본 선비들의 답안지와 같을 것이니 무슨 기이할 것이 있겠는가.'

어떤 이는 어미 처리를 존칭으로 쓰기를 좋아합니다. 평어체가 아닌 경어체로 써나가면 산뜻하고 간결한 맛은 없어도 문장에 예의가 느껴지지요. 지금 제가 K 씨에게 쓰는 편지처럼요.

오늘은 제 얘기가 이리저리 흘러가는 바람에 두서없이 쓴 것 같습니다만 다시 한번 강조하고 싶습니다. 글쓰기를 즐겨 보십시오. 글쓰기와 놀아보십시오. 글쓰기가 당신의 외로움을 치유해 줄 것입니다.

* 오늘의 제언: 사람은 누구나 자기만의 문장 하나가 가슴속에 숨어 있다. 물론 당신의 가슴속에도.

필사에 대하여

 필사(筆寫)를 해 본 적이 있으신지요? 필사, 하면 '일사당십독(一寫當十讀)'이란 말부터 떠오릅니다. 이는 송(宋)나라의 백과사전인 태평어람(太平御覽)에 나오는 것으로 '글을 한 번 옮겨 쓰는 것은 열 번 읽는 것과 효과가 같다'는 뜻입니다. 저는 그 사실을 알면서도 게으름 탓인지 필사를 제대로 해 본 적은 없었습니다. 이따금 책을 읽다가 밑줄 친 부분을 노트에 메모하는 정도였지요.
 많은 작가들도 필사를 했다고 합니다. 소설가 신경숙은 필사에 대한 소회를 이렇게 밝혔습니다.
 '그냥 눈으로 읽을 때와 한 자 한 자 노트에 옮겨 적을 때와 그 소설들의 느낌은 달랐다. 소설 밑바닥으로 흐르고 있는 양감을 훨씬 세밀하게 느낄 수가 있었다. 그 부조리들, 그 절

망감들, 그 미학들…….'

그런가 하면 음악가나 화가들도 그들 나름의 필사를 했습니다. 베토벤과 모차르트 같은 음악가는 악보를 베끼고 피카소 또한 어릴 적부터 시간을 가장 많이 할애한 것이 다름 아닌 명작 베껴 그리기였다니까요. 모네나 고흐도 한때 일본 그림의 영향을 강하게 받아 일본풍으로 그린 작품들이 남아 있습니다.

많은 크리스천들 역시 성경 필사를 합니다. 제가 아는 어떤 분은 신구약 성경 필사를 스무 번째 하고 있다는 소식을 전해와 그 대단한 정성에 입이 벌어졌던 적이 있었지요. 그분은 성경 필사를 하면서 눈으로만 읽을 때와 다른 경지를 체험했다고 합니다. 신경숙 작가의 말처럼 그분도 성경 필사를 하며 하느님의 간단없는 사랑과 인간의 타락을 바라보시는 고통의 양감을 영혼 깊숙이 느꼈을 것 같습니다.

저의 친정어머니도 노경에 이르러 신구약 성경 필사를 하셨습니다. 어쩌다 친정엘 가면 어머니가 식탁에 앉아 성경 구절을 읽어가며 노트에 적고 계셨던 모습이 지금도 선합니다. 저의 어머니 경우는 필사를 하면서 글씨체가 좋아지고 띄어쓰기와 철자가 거의 정확해지는 걸 알 수 있었습니다. 필사 전엔 틀린 글자도 많고 소리 나는 대로 쓰신 적이 많았거든요.

어머니가 칠십 초반 무렵의 어느 날이었습니다. 친정에 들렀다가 집에 가려고 나서는데 어머니가 흰 봉투 하나를 제 가방에 찔러 넣으셨습니다. 어머니의 아파트를 나선 뒤 뭔가 하고 봉투를 꺼내봤더니 겉봉에 이런 글씨가 적혀 있었습니다.

'복날 이걸로 닭 한 마리 사서 삼계탕 해머거라. 딴 데다 쓰지 말고.'

순간 저는 그만 눈물이 핑 돌았습니다. 봉투 속엔 배춧잎 빛깔 만 원짜리 지폐가 다섯 장. 며칠 뒤면 초복이기에 저희 식구 삼계탕 해 먹으라고 주신 돈이었습니다. 당시 제 형편이 여의치 않았기에 그 돈을 딴 데 쓸까 봐 그런 메모를 하신 거였겠지요. 돈도 돈이지만 저는 '삼계탕 해머거라'는 글씨에 울컥했습니다. 여유 있고 많이 배운 어머니가 세련되게 쥐어준 돈이 아니라 배움도 적고 고생을 많이 하신 어머니의 투박한 육필이었기에 더욱 가슴이 시큰했던 모양입니다(초반부터 얘기가 삼천포로 빠졌군요. 다시 제자리로 돌아가겠습니다).

'일사당십독'이란 말이 있을 정도로 필사의 영향력은 대단합니다. 적절한 비유가 될지 모르겠으나 필사는 어떤 음식을 보고 그 맛에 반했을 때 그 음식을 만든 요리사를 만나 조리법을 실습해가며 다시 한번 음미해 보는 것과 유사한 게 아닐는지요. 만들어진 결과물의 음식을 먹는 것을 너머 그 음식이 만들어지는 세세한 과정에 직접 참여해 보는 것 말입니다.

필사는 한 자 한 자 옮겨 쓰는 가운데 텍스트에 온전히 침잠케 함으로써 글 속에 기술된 표현 기법이나 문장의 구조 등이 자연스레 터득되고 이것이 결국 필사하는 사람의 글쓰기 기초를 단단하게 해줍니다. 작가들이 수차례의 퇴고를 거쳐 내놓은 바른 문장을 습득하고 문장 속의 다양한 어휘를 익히며 작가의 고유한 문체를 배울 기회가 되니 그 모든 것이 필사자의 내공으로 쌓이게 될 것입니다.

최근에 들었는데 정신건강의학과 의사들도 필사에는 치유 효과가 있다고 했답니다. 자폐증이나 ADHD(주의력 결핍 과잉 행동 장애) 환자의 행동교정과 함께 치매를 앓는 환자 등 다양한 정신 장애 환자의 보조치료방법으로 사용되고 있다는 것입니다. 작가 지망생이 아니어도 필사는 뇌를 활성화하는데, 글을 쓰는 행위가 언어기능을 관장하는 전두엽, 두정엽 등을 활성화시키기 때문이란 것이지요.

십여 년 전에 초보 수필가들 몇 분으로부터 제 글을 읽고 필사를 시작했다는 말을 들은 적이 있었습니다. 필사 작업은 중노동일 수 있는 거라서 시원찮은 글을 놓고 필사하는 사람은 없습니다. 그런 까닭에 감사한 마음이 들면서도 한편으론 송구했던 기억이 납니다. 저는 자신의 글에 늘 미흡함을 느끼고 있었으니 어찌 기쁜 마음으로만 받아들일 수가 있었겠습니까.

　당시 그분들은 글이 아직 무르익질 않았었습니다. 한데 몇 년이 지나니 작품 수준이 놀랍도록 향상돼 있더군요. 어디 제 글만 필사했겠습니까. 많은 작가들의 작품을 골라 필사했을 겁니다. 그분들을 통해 필사의 위력적 효과를 실감할 수 있었습니다. 그러니 K 씨도 시간 내어 필사를 시작해보시기 바랍니다. 마음을 울리는 문체가 있으면 그 작가의 문투를 모방해 보십시오. 그러면서 어느 궤도에 이르면 서서히 그 작가를 떠나 자기의 문체를 형성해나가십시오. 당신은 그 작가가 아닌 K 씨 자신이니까요.

　모방이란 말을 하다 보니 생각나는 게 있습니다. 수필 작법을 가르쳐 주셨던 O 교수님은 글에서 '뿐인가'를 자주 쓰는 편이었습니다. '뿐더러'도 있고, '그뿐인가'도 있고, '뿐만 아니라'도 있는데 한결같이 '뿐인가'만 애용하시는 바람에 그 말이 더욱 제 머리에 각인되었지요. 한데 한 시절 교수님께 지도 받은 수필가들의 글에도 '뿐인가'가 자주 보이는 거였습니다. 어느 해인가는 그 교수님이 발행하는 수필지를 보니 여기저기서 '뿐인가'가 나오는 바람에 책 속에서 '뿐, 뿐, 뿐…' 하는 소리라도 들리는 것만 같았습니다. 그게 얼마나 우스웠던지 그날 저는 제 글에선 절대로 '뿐인가'를 쓰지 않겠다고 결심을 했답니다.

  사람마다 고유한 말버릇이 있듯 작가들의 문장에서도 그들만의 습관적인 문투가 있을 겁니다. 저도 예외일 수 없겠지요.

* 오늘의 제언: 좋은 문장을 찾아 필사해 보기.

누구를 위해 쓸 것인가

　유명 작가나 인지도가 높은 분들의 글은 독자층이 어느 정도 정해져 있기 마련입니다. 반면에 우리가 일반적으로 쓰는 글들은 기껏해야 지인들에 국한되어 대상이 특별히 없을 겁니다. 하여 제1의 독자는 필자 자신이 되었겠지요. 그러나 자신의 글에 보다 많은 사람들의 관심과 공감을 원한다면 아무래도 독자층을 의식하며 쓰는 게 좋습니다. 중장년이나 노년의 정서를 담은 글이 청소년에게 읽힐 수는 없을 테고, 젊은 층의 공감을 얻어내기도 힘들 테니까요.
　소설은 예외가 될 수 있겠습니다만 자신의 생각이나 일상을 펼치는 글엔 아무래도 작가의 생활상이나 사고가 개입되어 독자층에 한계가 있겠지요. K 씨도 글을 쓸 때 이 점을 염두에 두시길 바랍니다.

저는 이제껏 주로 수필을 써왔기에 중년 이상의 연령층을 대상으로 쓴 것 같습니다. 하지만 특정 연령에 묶이지 않고 보편적 공감을 불러일으킬 수 있는 글에 대한 욕망도 있는지라 특정 연령층에 한정되는 게 마음에 들지는 않았지요. 그런 이유로 소재의 다양화를 염두에 두었습니다.

그중 사물에 대한 글은 비교적 연령층에서 자유로울 수 있는 소재가 아니었나 싶더군요. 금년 2022년도 아르코 발표 지원 공모에 당선됐던 작품들은 〈서랍〉, 〈그날이 오면〉, 〈메아쿨파〉 세 편이었어요. '메아 쿨파'에서는 인간의 죄에 대한 문제를 짚어보았고, '그날이 오면'에선 죽음 문제를, '서랍'에선 인간 삶의 모습을 서랍에 연관시켜 쓴 글이었습니다.

언젠가도 언급했듯 사물도 관심을 두고 집중하여 들여다보면 말을 걸어올 때가 있습니다. 어느 해인가 봄 가뭄이 오래 계속되던 날 동네 중랑천 주변을 산책하고 있는데 강인한 생명력을 지닌 들풀들이 말라서 축 처진 채 제게 말을 걸어오는 거였습니다.

"산다는 건 보통 일이 아니에요. 목이 타서 죽겠군요."

야생초들은 타고난 생명력으로 그냥 살아지는 줄 알았습니다. 뽑아내고 베어내도 괴력을 발휘하며 또다시 들판을 덮어버리다 보니 잡초는 절로 살아지는 줄 알았지요. 서랍 같은 무생물조차 제가 눈을 맞추면 말을 건네옵니다. 세 작품 모두 일정 연령은 지나야 이해가 갈 수 있는 글이긴 했지만 죄와 죽음 등의 문제는 인생에서 떼어낼 수 없는 거기에 성인이라면 누구든 읽을 수 있지 않을까 싶었습니다. 그중에서 서랍이란 글을 소개해 보겠습니다.

서랍

서랍은 외양이 늘 반듯하다. 오만 잡것을 품고도 시침 떼고 있으니 의뭉하다 해야 할지. 온당치 못한 물건을 숨겨 놔도 발설치 않는 걸 보면 고해사제를 닮았다고 해야 할지.

서랍엔 특정 물건을 넣기도 하나 대부분은 잡동사니가 함께 끼어들게 마련이라 그 속은 미지의 세상이요 수수께끼다. 묵언하는 그 통속을 어찌 알 것인가. 분명 내 손으로 넣었어도 상자의 내용물을 일일이 기억하지 못하는 건 칠칠치 못한 내 탓만은 아니었다. 사춘기 시절엔 가족들이 내 일기를 훔쳐볼까 봐 책상 서랍에 넣었던 걸 빼내어 옷 서랍 안에 숨겨놓기도 했었다. 옷가지를 넣은 데다 다른 것을 꿍쳐 넣어도 서랍은 뱃구레가 거늑하여 다 받아 주었다. 서랍은 아나키스트. 서열을 따지지 않고 서로의 자유와 평등을 보장하는 국경 없는 작은 공화국이다.

서랍 없는 세상을 상상할 수가 없다. 각처에서 사용되는 서랍들이 반기라도 일으켜 저장물을 토해내면 인간은 혼돈을 넘어 정신 착란 상태가 되어 뭉크의 그림 〈절규〉의 주인공과 같은 표정이 되고 말 것이다. 서랍이란 잘 정리하여도 예외적인 뭔가가 쟁여 있다가 이따금 뒤통수를 치기도 한다. 우리 집 가구에도 많은 서랍들이 있는데 어쩌다 그 속을 뒤져보면 평소 찾던 물건이 어딘가에 숨어 있다 얼굴을 내밀곤 했다. 필요할 땐 그렇게 뒤져도 안 보이던 옷핀이며 봉투에 넣어두고 깜빡했던 비상금, 삼십 년도 더 전에 받은 지인의 손편지와 카메라 사진들…. 그럴 때 마다 나는 다시 한번 서랍 세계의 방대한 포용력과 융통성에 감탄한다. 그 내용물들은 소소한 것이든 대단한 것이든 나와 연관되어 있어 거기에 얽힌 시간 속으로 회귀시킨다.

　카메라 사진은 1995년 7월 유럽 여행 중에 파리에서 찍은 것인데 앨범들을 없앤 것이 오래전의 일인데도 몇 장이 서랍 속에 숨죽인 채 있었다. 이십여 년 만에 그곳에서 해후한 첫사랑과 센 강변에서 찍은 사진들. 그것이 나를 잠시 그 시절 그 장소로 데려갔다. 그는 콤비 스타일의 양복을 입었고 나는 까만 바탕에 자잘한 흰색 물방울무늬가 있는 미디 길이 민소매 원피스에 단화를 신었다. 파리 거리에 바람이 불 때면 내 원피스는 폭 너른 플레어스커트 자락을 원 없이 펄럭이며 춤을 추었다. 두근거리는 가슴으로 이국의 정취를 한껏 만끽하던 그날의 기억이 영상으로 덮치며 어른거린다. 저 의상을 낙점하기까지 나는 얼마나 많은 옷 상가를 헤매었던가.

서랍 중에서 비교적 자주 열게 되는 건 옷장이나 책상 서랍이다. 그 외의 것들은 어쩌다 열어보게 된다. 며칠 전 나는 살림을 줄이기 위해 서랍 중에 손이 별로 가지 않던 것을 택해 비워내려 한 적이 있었다. 몇 년씩 열지 않아도 사는 것에 아무 지장 없었으니 미련 없이 버려도 상관없다고 여겼다. 일단 방바닥에 큰 보자기를 펼치고 책장 서랍 하나를 빼내어 엎어버렸다. 순간 별의별 물건이 다 펼쳐졌다. 생각지도 않은 인조진주 목걸이, 손수건, 메모장, 연필 묶음, 줄자, 캔디, 아스피린, 손목시계…. 그 가짓수의 다양함과 수량에 놀라고 말았다.

버리려고 쏟았건만 막상 눈으로 보니 버릴 건 별로 없었다. 그렇다고 남과 나누기에도 마뜩지 않은 것들. 나는 고민에 빠졌다. 안 봤으면 모를까 보고 나니 선뜻 버릴 수가 없는 것이다. 당장은 아니어도 놔두면 언제고 쓰일 것들 아닌가. 별것도 아닌 것이 미래완료적인 가능성을 내세우며 손목을 잡았다. 나는 또다시 이런 일이 생길까 저어되어 다른 책장 서랍 하나는 내용물을 보지 않고 지레 커다란 검정 비닐봉지에 쏟아부었다. 이리 하여 서랍 하나만 비워지고 나머지는 그 많은 잡동사니를 머금은 채 제자리로 돌아갔다. 흥미로운 건 확인 없이 버린 그 물건들이 없어도 내 일상은 잘 유지되었다는 사실이다.

아마도 어느 날 나는 손이 덜 가던 또 하나의 가구를 택해 불시에 소탕작전을 벌일지 모른다. 삶의 종점에서 자신이 정리 못한 서랍은 온전히 남은 가족의 몫이 아닌가.

서랍 정리를 하다 말고 문득 생각했다. 나 또한 서랍이라고. 물질계와 비 물질계가 뒤섞여 이루어진 아주 복잡한 서랍이라고. 나의 뇌리와 가슴속에도 수많은 것들이 내장돼 있다. 쓰고 싶은 작품의 편린들을 비롯해 삶에서 빚어진 온갖 감정과 편견과 욕망들이 웅성거리고 있다. 그러니 나야말로 난해하고도 정리 까다로운 거대한 서랍이라고. 많은 서랍이 그러 했듯 내 안에도 있으나 마나 한 것들이 수없이 자리하고 있을 줄 안다. 어떤 것은 당장 내다 버려야 할 것들임에도 몸의 군 때처럼 들러붙어 있다. 보이는 것 하나 정리하기도 이리 힘든데 보이지 않는 거야 더 말해 무엇 할까.

생각해 보면 인생이란 서랍을 채우다가 비우는 일 아닌가 싶다. 채우는 세월은 오랜 기간 진행됐어도 버리는 과정은 번개 작전만이 답이다. 되도록 그 안을 기웃거리지 말라. 흘러간 세월을 뒤돌아보지 말라. 너는 소돔 성의 롯의 아내처럼 소금 기둥이 되고 말 것인즉.

이런저런 소회에 젖어 방 안을 서성이다 전신 거울에 비친 나를 바라본다. 거울 속의 내 모습 또한 오만 잡것을 품고도 반듯한 서랍처럼 외양이 멀쩡하다.

* 오늘의 제언: 조용히 사물을 들여다보라. 사물도 말을 건네 온다. 그 말들을 글로 적어보자.

무엇을 쓸 것인가

　요즘은 많은 사람들이 글을 씁니다. 글을 모르는 연소자나 노약자를 제외하곤 어떤 형식의 글이든 글쓰기가 생활화되어 있는 것 같더군요. 그들 중엔 왜 쓰는지, 누굴 위해 쓰는지는 생각하지 않고 그저 쓰고 싶으니까 쓴다는 사람도 있습니다. 마음속에 뭔가 글로 쏟고 싶은 욕구가 일어날 때 그 이끎에 의해 썼을 수도 있을 테고, 게 중의 일부 작가들은 애초에 기획을 하며 자기 취미를 공유하고 싶거나 불특정 다수에게 자기 현시를 위해 쓰기도 했을 겁니다.

　수많은 브런치 작가들이 브런치의 글을 모아 책을 출간하기도 합니다. SNS에 올린 글을 모아 책을 내기도 하고 개인 블로그에 소장했던 글을 책 한 권으로 엮기도 하더군요. 글 쓰는 이의 관심사가 다양하니 글의 소재도 매우 다채롭습니다. 그러나 어떤 종류의 글이 되었든 자신에게나 독자들에게 의미 있는 글을 써나가는 게 좋겠지요.

그렇다면 어떤 글을 의미 있는 글이라고 볼 수 있을까요. 제 생각으론 독자들에겐 공감을 일으킬 수 있고, 작가들에겐 인세가 많이 들어오는 책이 아닐까 싶습니다만. 너무 세속적인가요? 하하하~

캐나다 소설가 '마거릿 애트우드'는 이런 말을 했습니다. 문학적 가치와 돈은 네 가지로 정리할 수 있다고. 즉, 돈이 되는 좋은 책. 돈이 되는 나쁜 책. 돈이 안 되는 좋은 책. 돈이 안 되는 나쁜 책.

독자의 취향과 요구는 너무도 다양하기에 어떤 이는 단순한 흥밋거리나 통속적 재미를 원합니다. 또 어떤 이는 지적 수준과 사고의 지평을 넓혀주는 읽을거리를 원하는가 하면 어떤 이는 문학적 감동을 원하며 또 어떤 이는 처세술에 대해 알기를 원합니다. 그러니 '의미 있는'이란 개념을 구체화하여 K 씨가 잘 구현해 낼 수 있는 글을 써야겠지요. 그럼에도 불구하고 모든 독자들이 일반적으로 좋아하는 글이란 결국 재미와 감동을 아우르는 글이 아닐까 싶습니다. 글을 읽는데 지루함 없이 몰입되며 그 가운데 마음을 덥혀주는 훈훈함이라든가 심금을 적셔주는 울림이 있는 것 말입니다. 때문에 글을 쓸 때는 독자가 내 글을 읽고 무엇을 느낄 것인지를 생각하며 써야겠지요.

앞서 저는 〈서랍〉이란 글 한 편을 소개했지요. 이번엔 〈메아 쿨파〉를 올려볼까 합니다. 저의 죄를 짚어본 글이지만 이 글 속엔 독자들을 향해서도 제가 하고 싶었던 말이 있었을 겁니다. 일단 그 글을 소개하고 나서 그 뒷얘기를 이어보기로 하지요.

메아 쿨파
-고해성사 보는 법-

메아 쿨파, 메아 쿨파, 메아 막시마 쿨파(내 탓이요, 내 탓이요, 내 큰 탓이로소이다)

이 말은 라틴어 미사를 올렸던 내 유년 시절의 통회 기도문이다.

영세를 받은 건 네 살 때였다. 신부님이 성수(聖水)로 이마를 씻는 순간 나는 두려움에 놀란 고양이처럼 발버둥 쳤다. 모태를 벗어난 신생아의 첫 행동이 우는 일이듯 영혼이 거듭나는 세례식에서 나는 찢어지게 울었다. 까마득한 세월 저편의 그 광경은 명동 성당 스테인드글라스의 영롱한 색채들과 조합되어 뇌리에 깊게 남아 있다.

고해성사를 접한 것은 초등학교 3학년이 되고서였는데, 당시는 제2 바티칸 공의회의*가 열리기 전이라서 하느님의 사랑 보다는 정의를 강조하는 편이었다. 때문인가 내게 처음 다가온 신은 어진 아버지이기에 앞서 심판자의 이미지로 불도장이 박혔다. 이렇게 시작된 신앙 여정은 중학생이 되면서 회의로 번지다가 결국 고등학교 시절의 어느 날 고해소를 찾아가 하느님이 안 계신 것 같다고 고백하고는 발길을 끊었다. 하지만 그 사건은 타 종교에까지 외연을 넓히는 계기가 되었다.

그러다가 서른 중반 무렵이 되었을 때 다시 가톨릭으로 돌아와 고해성사를 보기 시작했다. 성찰 시엔 대체로 십계명과 칠죄종에 기초를 두고 살핀다. 칠죄종(七罪宗)이란 인간이 범하는 죄의 뿌리가 되는 것을 의미하며 교만, 인색, 음욕, 탐욕, 질투, 나태, 분노(의로운 분노가 아닌, 무질서하게 남을 저주하는 폭력성의 분노)로 분류한다.

간혹 종교가 다른 이들이 고해성사를 놓고 묻는다. 어째서 하느님께 직접 고하지 않고 인간에게 하느냐는 것이다. 가톨릭의 교리가 있음에도 나는 교황도 고해성사를 본다는 정도만 알려줄 뿐 논쟁을 삼간다. 믿음이란 사람의 머릿수만큼이나 다양하고 개인적인 거라 각자 마음 가는 대로 따를 수밖에 없는 일이다.

---

* 제2차 바티칸 공의회: 1962년부터 1965년까지 로마에서 열린 가톨릭교회의 공의회로서 가톨릭교회가 장차 나아갈 길을 타진한 교회의 현대적 개혁이 이 공의회의 목적이었다. 2차 바티칸 공의회 이후 많은 부분이 쇄신되어 대 격변 수준으로 가톨릭을 바꿨다.

고해소에 들면 말로 고백하기에 심저에 웅크리고 있던 죄가 언설로 구체화되며 내 귓전을 울린다. 하여 죄는 보다 실제성으로 느껴져 수치스러울 때도 있다. 고해성사란 이런 부담을 주는 면도 있어 회피하고 싶은 적도 있었지만 한편으론 내가 왜 그러는지를 분석하는 게 흥미로웠다. 특별히 내가 자주 걸려 넘어지는 죄목은 곤혹스러우면서도 자신을 연구하는데 도움이 되기도 했다. 또 하나의 분신을 만들어 자신을 바라보는 것이다.

죄를 열거할 때는 내용은 간추려 말하되 중요한 부분은 반드시 그 핵심을 드러낸다. 밑바닥의 민낯을 파헤치며 표면 행위가 아닌 빙산의 밑동에 중점을 둔다. 자주 범하는 죄란 결심해도 다음에 또 걸려 넘어지고 만다. 그럼에도 내 존재의 나약함을 하느님께 맡기며 고백한다. 그래야 비로소 영혼의 정화가 이루어지는 것 같았다.

인간이 죄를 떨치기 힘든 것은 대개의 죄들이 우리에게 던져주는 마약성의 쾌감 때문일 터다. 교만이나 탐식 및 음란 행위 등은 길티 플레저(guilty pleasure)를 바탕에 깔고 인간을 취하게 만든다. 교만은 이상 자아(ideal self)를 실제 자아(real self)로 착각하거나 왜곡하는 것에서 기인하는 거라고 한다. 이 착각에서 벗어나기 위해서는 객관적 자기인식이 수반돼야 하는데 초월적 존재에 자신을 비춰보지 않고는 해결하기 힘든 일이었다.

사십 후반 무렵의 고해성사를 평생 잊을 수가 없다. 그 당시 나는 성당에서 봉사를 많이 했기에 신자들과의 교류도 잦았다. 그러던 중 봉사 단체 단원들 댓 명이 모여 어떤 교우 얘기를 하게 되었다. 문제의 주인공은 신심 행사에만 지나치게 빠져든 듯 보였다. 자식이 있음에도 멀리 지방까지 다녀오는 행태를 놓고 교우들의 시선은 곱지 않았다. 이야기가 무르익자 담화는 어느새 험담으로 변질되어 모두가 한마디씩 심판관을 자처하였다. 그녀와 인접 거리에 살고 있던 나는 더 많은 걸 알고 있던 터라 몇 마디를 보탰다. 그러곤 2년의 세월이 흘렀다.

어느 날 아침이었다. 고해성사를 보려고 성찰하는데 문득 그날 쏟은 내 말이 혓바늘의 돌기처럼 솟으며 신경을 건드렸다. 일상에서 타인에 대한 얘기가 오가는 건 그리 탓할 일은 아니다. 사실 대로만 얘기한 거였다면 굳이 자책하지 않았을 것이다. 문제는 그녀의 이웃인 내가, 더구나 그녀의 힘든 형편을 잘 알고 있던 내가 그날 험담에 동참했을뿐더러 다소 과장을 보탰다는 데 있었다. 그 보탠 분량의 죄가 감때사나운 괴물이 되어 가슴 밑바닥에서 정죄의 소리를 질러대었다.

나는 고해소를 찾아가 잘못을 털어놓았다. 한 교우를 험담했다는 정도로 끝냈어도 될 거였지만 보다 상세히, 내 감정을 보태 좀 과장했다며 특히 그 점에 대해 통회한다고 말씀드렸다. 고백이 끝나면 신부님들은 보통 기도나 희생, 미사 참례를 보속으로 주시기에 묵주기도나 성경 읽기나 미사 참례 중 하나가 떨어질 거라 예측했다. 한데 이번엔 전혀 달랐다.

"보속은, 하느님께 용서를 청하시고 그 교우의 명예를 회복해 주는 일입니다. 반드시 그 교우의 명예를 회복해 주세요. 하실 수 있겠어요?"

신부님은 거듭 물으셨고 나는 "네"라고 맥없이 대답하고는 고해소를 벗어났다. 그러나 2년의 시간이 흐르는 동안 그때 모였던 사람들은 모두가 이사를 가버려 연락이 끊어진 상태였다. 결국 여기저기 수소문해 그녀를 비롯한 다른 두 명의 연락처를 알아내었다. 나는 우선 당사자에게 자초지종을 말하고 용서를 청한 뒤 두 명의 교우에게도 전화 걸어 그날 뱉은 말을 정정하며 사과하였다. 그리고 나자 비로소 마음이 가벼웠다.

엔도 슈샤쿠가 그의 소설 〈침묵〉에서 '죄란 한 인간이 다른 인간의 인생 위로 통과하면서 자기가 거기에 남긴 발자국을 잊어버리는 일'이라고 했듯 사람은 때때로 자기 발자국을 무심히 지나친다. 요즘은 기도문이 다소 간소화됐지만 예전엔 고백하고 난 뒤 이런 기도를 올렸던 게 생각난다.

"… 이 밖에 알아내지 못한 죄와 남이 나로 인하여 범한 죄 있을 것이니 신부는 나를 벌하고 사하소서, 아멘."

그러나 심안이 밝지 않고서야 어찌 남이 나로 인한 과오까지 헤아릴 수 있을까. 죄란 씻고 씻어도 그 집요한 생산을 멈추지 않는다. 하기에 최소한 주제 파악은 하며 살려고 영혼의 쓰레기가 차오르면 고백소를 찾는다.

  메아 쿨파, 메아 쿨파, 메아 막시마 쿨파!

* 오늘의 제언: 가끔씩은 상식에서 일탈하여 삶을 바라보자.

글이라는 자기 고백

전도연 송강호 주연의 영화 〈밀양〉을 보셨는지요. 보셨다면 그 줄거리와 장면들을 기억하시겠군요. 이 질문을 하고 있는 저는 그 영화를 오래전에 영화관에서 한 번 봤습니다. 밀양이란 영화에 대한 아무런 사전 지식도 없이 그저 송강호와 전도연이란 배우를 좋아하기에, 또한 그 유명한 이창동 감독의 영화이기에 믿음을 가지고 동네 영화관에 불쑥 들러 본 거였지요. 시간이 오래다 보니 이젠 영화 장면도 줄거리도 희미합니다. 다만 몇 장면이 인상적으로 남아있을 뿐입니다. 그중 가장 강렬한 것은 크리스천이 된 전도연이 자기 아들을 유괴 살인한 범인을 용서해 주고자 교도소에 찾아갔을 때 범인의 표정에서 드러난 너무도 섬뜩하게 평온한 모습에 광기를 일으키며 절규하던 모습입니다.

전도연은 워낙 연기가 훌륭한 배우인지라 영화 속으로 흠뻑 몰입될 수 있었지요. 대사를 정확히 기억할 순 없지만, 유괴 범인이 자기는 이미 하나님께 회개하고 용서를 받았다며 성자 같은 표정으로 전도연을 바라보았을 때 저는 구토라도 할 것 같았고 그 순간만큼은 주인공의 입장인 듯 완전 감정이입이 돼버렸습니다. 영화를 통한 간접경험이긴 했어도 자식을 낳아 본 어미로서 그 심정을 십분 헤아릴 수 있었기에 저도 그녀처럼 분노가 끓더군요. 차라리 범인이 참회 없이 철창 안에 있었다면 '저 불쌍한 죄인을 용서하소서. 그가 자기의 잘못을 깨달을 수 있게 도와주소서.'하는 마음으로 용서가 외려 쉬웠을 것만 같았습니다. 한데 자긴 용서를 받았다며 그녀를 인도하려고 하는 적반하장 격 평화로운 모습이라니요. 접견을 마치고 나온 전도연은 교회에 처음 나갔던 때와 달리 미쳐가기 시작합니다.

이 영화는 이청준 원작 소설 〈벌레 이야기〉를 이창동 감독이 각색하여 만든 거라고 하더군요. '보는 이의 시각에 따라 우리는 타인의 고통에 얼마만큼 공감할 수 있는가'라는 문제와 종교에서 말하는 용서와 구원의 의미를 다시금 짚어보게 되는 영화였지요.

제가 이 영화 얘기를 꺼낸 것엔 이유가 있습니다. 앞서 소개했던 제 글 〈메아 쿨파〉에 나오는 그 교우를 작년에 만난 적이 있었는데 그날 그녀가 저에게 이렇게 물었기 때문입니다.

"안나 씨, 영화 밀양 봤어요?"

그렇다고 하자 순간 그녀의 표정이 야릇해졌습니다.

"내 심정이 딱 전도연 심정이었어요."

저는 그때까지도 그녀가 하는 말의 저의를 파악하지 못하고 있었습니다. 그래서 오랜만에 만나 왜 이런 뜬금없는 말을 하는지 궁금하여 물었지요.

"그 심정이 뭔데요?"

그러자 그녀는 제 글 메아 쿨파에 나오는 그 시절 이야기를 하는 거였습니다. 그때 자기 험담을 하고 다녔던 그녀들은 단 한 번도 사과한 적이 없다고. 그러면서 너무도 평온히 성당에 다니고 있다고. 그 모습이 견딜 수 없었노라고.

그 말에 저는 화들짝 놀랐습니다. 그녀의 상처가 얼마나 깊었는지를 새삼 알 수 있었고 그제야 그녀가 왜 영화 밀양 이야기를 꺼냈는지에 대한 의문이 풀렸습니다. 그녀의 사건과 밀양의 사건은 내용이나 상황의 심각성 면에서 비교할 수야 없는지는 모르겠으나 아무튼 그녀가 한동안 자신에게 가해지던 말의 돌팔매를 맞으며 얼마나 힘들었는지는 알 수 있었습니다. 또한 그 누구라 할지라도 그 교우가 느꼈던 서운함과 심적 고통이 전도연보다 가벼운 거라고 말해서도 안 된다는 생각이 들었습니다. 살인에는 육체적인 죽임도 있지만 말의 돌팔매질로 상대방의 영혼을 짓뭉개는 것도 있으니까요.

한데 제가 진심을 담아 그녀에게 사과하며 용서를 청했던 당시에는 깔깔 웃으며 뭐 그런 일로 전화했느냐며 자못 담담해했던 예전 모습과는 달리 그날은 착잡한 표정으로 "안나 씨 고마워요." 하는 거였습니다. 자기에게 사과해 줘서 그게 고마웠다고 말입니다. 순간 저는 이미 해결되었다고 여겨왔던 삼십 년쯤 전의 사건이 그제야 완벽하게 매듭지어지는 듯한 기분이 들었습니다. 저는 다시 한번 그 일을 사과하면서 그 사연을 글로도 썼노라는 얘기도 전했지요.

저와 함께 그녀에 대한 뒷담화를 나눴던 교우들이 그 일을 두고 성찰을 하였는지, 고해성사는 보았는지, 아니면 가벼이 잊었는지 알 수 없는 일입니다. 그런 일은 일상에서 흔히 있는 일이기에 어쩌면 죄의식조차 느끼지 못했을 가능성이 더 많을 것 같군요. 양심 성찰을 성실히 하는 사람들 중에도 미처 알아내지 못한 죄가 있을 수 있으니까요.

저는 지금 이 글을 쓰다가 구약성경 욥기를 펼쳐보았습니다(글 쓰다가 종종 딴 청하는 버릇이 있다고 말했죠?). 그냥 무심히 펼쳐든 거였습니다. 별생각 없이 하는 행위였지만 무의식 속에선 무슨 계산을 하고 있었던 게 아닌지는 모르겠네요. 이 같은 해찰 벽은 어떤 예감을 쫓아서 그럴 때도 있고,

때론 막연히 뭔가를 뒤지다가 현재 쓰는 글과 연결되는 뭔가를 찾을 수 있지 않을까 하는 모종의 기대감으로 그럴 때도 있었던 것 같으니까요.

오늘은 의외로 건진 것이 있었습니다. 이미 훤하게 꿰고 있는 욥기였지만 저는 욥기의 마지막 부분에 나오는 주님께서 욥의 친구에게 말씀하는 내용은 기억하지 못하고 있었는데 오늘 보니 거기에 이런 내용이 실려 있었습니다.

'이제 너희는 수소 일곱 마리와 숫양 일곱 마리를 가지고 나의 종 욥에게 가서, 너희 자신을 위하여 번제물을 바쳐라. 나의 종 욥이 너희를 위하여 간청하면, 내가 그의 기도를 들어주어, 너희의 어리석음대로 너희를 대하지 않겠다. 이 모든 것은 너희가 나의 종 욥처럼 나에게 올바른 것을 말하지 않았기 때문이다.'

이 구절을 읽다가 동시에 '주의 기도' 내용 중의 일부분을 떠올렸습니다.

'저희에게 잘못한 이를 저희가 용서하오니 저희 죄를 용서하시고'

주의 기도는 욥기와 달리 인간이 자기 죄를 용서를 받기 위해서는 남이 자기에게 지은 죄를 용서할 줄 알아야 한다는 뜻이 담겨 있습니다.

욥기를 보면서 이웃에게 범한 죄에 대해 절대자에게도 회개를 해야 하지만 그보다 상처를 입혔던 장본인에게 하는 것이 먼저라는 것을 다시금 기억하게 되더군요. 같은 논리로, 밀양의 살인자는 하느님에게 회개하는 것은 물론 전도연에게도 용서를 구하고 사죄했어야 마땅한 거겠지요.

말이 입힌 상처는 칼이 입힌 상처보다 깊다고 합니다. '성인(聖人)도 하루에 죽을 말을 세 번 한다'는 속담을 보면 인간은 그 누구도 말의 잘못으로부터 자유로울 수가 없는 존재임이 분명합니다. 말은 사람의 가슴에 대못도 박고 비수를 꽂기도 합니다. 발 없는 말은 내뱉는 순간 말(馬)처럼 쏜살같이 달아납니다. 말이란 몸의 행동보다 재빠르니 인간의 죄 중엔 아무래도 말로 짓는 구업(口業)이 가장 많을 것 같군요.
루소나 톨스토이처럼 사상가나 작가들 중에도 참회록을 쓴 사람이 있지만 〈메아 쿨파〉는 저의 작은 참회록의 편린인 셈입니다. 한편 그 글을 써나가는 동안 저는 제 글을 읽게 될 소수의 독자들이 저와 함께 '죄란 무엇인가'에 대한 생각을 조금이라도 해볼 수 있기를 내심 바랐습니다. 옛 어른들은 '사는 게 다 죄'라고 했을 만큼 인간과 죄는 공생하듯 맞붙어 살아가는데 작가들이 죄에 대한 글을 별로 안 쓴다는 게 오히려 이상하다 싶기도 했지요.

그 글을 쓴 까닭은 저의 과오를 반성하고 드러낸다는 것 외에 다른 이들은 일상적으로 범하기 쉬운 말의 죄 문제를 놓고 어떻게 생각하고 있는지가 궁금했고 저의 경험과 생각을 공유함으로써 무언의 대화를 나누고 싶었기 때문이었습니다. 사람이란 불완전한 존재로 살아가지만 그에 대한 성찰의 눈이 열릴 때 느낄 수 있는 존재의 한계성에 대한 자각이 우리를 더 성장하게 하고 온전한 인간의 방향으로 이끌어 갈 거라고 생각합니다. 성 아우구스티누스도 "오 복된 죄여!"라 하셨듯이 말입니다.

반성하는 마음으로 쓴 자기 고백의 글은 자랑스러운 모습을 드러낸 것이 아닐지라도 약점과 치부를 드러내는 가운데 본인 자신은 고해성사를 한 듯한 카타르시스를 느끼게 됩니다. 또한 독자는 독자대로 자기의 약점을 돌아볼 수 있는 계기가 되어 함께 성숙의 길을 모색할 수 있으리라 봅니다.

오늘 저는 K 씨와 함께 우리가 어떤 자세로 어떤 글을 써야 할지 잠시 생각해 보는 시간을 가져보고자 했는데, 이 글을 읽은 K 씨의 생각은 어떠신지 궁금해지는군요.

*오늘의 제언: 글을 통해 작가와 독자가 함께 성장할 수 있다면 얼마나 좋을까.

글쓰기와 춤추기

 지난 10월부터 오늘까지의 두 달 동안 저는 서른 통의 글을 당신에게 보냈습니다. 글쓰기에 대해 작은 도움이라도 되어주려 시작했으면서도 집필 이론이나 기법보다는 글과 연관된 제 이야기를 많이 했지요. 이 점에 대해 아쉽기도 하지만, 언젠가도 말했듯 이론적인 지식은 글을 써나가면서 그때마다 문제된 것을 체크하며 고쳐나가는 것이 좋으리라고 생각합니다. 글쓰기 이론은 그에 관한 서적이나 검색을 통하여 도움을 받을 수 있을 겁니다. 때문에 저는 K 씨보다 앞서 글을 쓴 작가로서 제가 겪었던 일들을 중점적으로 이야기해 보고자 했지요.
 자기 체험이 없는 사람은 머리의 언어를 사용하여 논리적 설명을 통해 이해를 촉구하는 반면에, 자신이 직접 겪은 체험적 깨달음이 반영된 몸의 언어는 감성적 설득을 통해 공감에 호소하고 감동을 유발한다고 했던 '우치다 타츠루'의 말은 그분만의 독창적 의견이 아닌 그와 같은 경험이 있던 사람들이라면 누구나 보편적으로 느끼는 것이라고 생각되는군요.

제가 K 씨에게 보낸 첫 번째 편지에서 얘기했던 교통사고 에피소드에 나오는 피해자 부모의 마음 변화도 그 편지가 머리를 쥐어짜내어 쓴 것이 아니라 운전자 총각의 죽음을 진심으로 아파하는 가운데 저의 딱한 입장을 하소연했던 거라 그들의 마음을 움직였다고 봅니다.

30년 넘는 세월 동안 저는 글을 쓰며 절망도 맛보고 기쁨도 누려보았습니다. 때론 글 쓰는 일이 유의미한 듯하기도 하고 때론 무의미한 생각이 들기도 했었습니다. 마치 우리의 하루하루가 어느 날은 맑고 어느 날은 흐리듯 말입니다.

그럼에도 분명한 것은, 부초처럼 흔들리며 지속해온 그 글쓰기 안에 제가 있었고 저는 그것을 통하여 자신을 바라보았고 앞으로 나아갈 방향을 정하며 삶의 의미를 다질 수 있었다는 것입니다. 나침판을 보면 바늘이 불안전하게 떨면서도 어디서든 남과 북을 가르치듯 우리가 쓰는 글은 그것이 잡문이었든 알토란같은 옥고였든 글 쓴 자신을 향하며 보여줍니다. 정갈한 글이 되었든 춤춤스러운 글이 되었든 그것은 모두 다 내 안에서 나온 것이고 나의 분신들이니 말입니다.

혹시 거미 조각 작품 '마망(Maman)'의 작가 루이스 부르주아를 아시는지요. 그녀는 1911년에 파리에서 태어나 결혼하면서 미국으로 건너가 2010년에 타계한 조각가입니다. 2010년도인가 그녀의 드로잉 전이 국내에서도 있었기에 그때 저는 그녀의 작품 일부를 만날 수 있었지만 대부분은 사진을 통해 보았습니다. 그녀는 60년 가까이 무명 시절을 보내다가 70세가 넘어 찬란한 작가로 빛을 발휘한 여성입니다. 그녀는 작품 '나는 아직도 자라고 있다'를 통해 넝쿨(?) 같은 식물이 지닌 생명의 강인함과 무한함을 나타내 보이기도 했지요.

루이스 부르주아는 어렸을 때 아버지가 자신의 가정교사와 한 침실에서 나오는 것을 보고 아버지를 증오하고 어머니를 연민하게 되는데 아버지는 자신의 외도를 어린 그녀에게 숨기지 않았다고 하는군요. 이런 아픔을 작품으로 발산했기에 루이스의 작품은 자서전적 성향을 보이며 고백 예술(Confession Art)이라고 불린답니다. 가족사적 트라우마는 그녀 작업의 원동력이었고 특히 '모성'은 작품세계를 지배하는 주된 요소가 됐다고 합니다.

죽는 순간까지 작품을 멈추지 않은 창작열과 치명적 상처를 예술을 통해 스스로 치유하고 발산했던 그녀의 삶을 떠올리면 숙연한 마음이 들며 저의 자세를 가다듬게 됩니다. 루이스 부르주아가 미술 작품을 통해 자신의 삶을 예술로 승화시켰다면 작가들은 자신의 글쓰기를 통해 그 작업을 해나가야 하겠지요. 삶의 고통과 상처는 그 자체로만 머물 때엔 우리를 병들고 나약하게 만들지만 그것을 넘어서 승화시키면 폭발적 에너지원이 되기도 불후의 명작을 탄생시키기도 합니다.

낸시 우드의 시집 〈바람은 내게 춤추라 하네〉에 다음과 같은 시구절이 있습니다. 일부만 옮겨보겠습니다.

> 걱정거리가 생기면 나는 가서 춤을 추어야 한다
> 발밑의 먼지가 내 걱정거리를 받아줄 때까지 나는 춤을 춘다
> 먼지는 내 걱정거리를 산으로 가져간다
> 산은 내 걱정거리의 먼지들로 자란다
> 산은 내 걱정거리가 쉬는 곳이다
> 내 발은 대지에 닿는다
> 그리고 내 가슴속에서 울리는
> 북소리에 맞춰 춤을 춘다
> 만일 내 발이 대지에 닿지 않으면
> 내 춤은 좋지 않을 것이다(중략)

저는 이 시를 읽을 때면 종종 이렇게 읊었답니다.
'걱정거리가 생기면 나는 가서 글을 써야만 한다.
발밑의 먼지가 내 걱정거리를 받아줄 때까지 나는 글을 쓴다.

글쓰기는 내 걱정거리를 산으로 가져간다….'

글쓰기 또한 춤추기가 아니겠는지요. 걱정거리는 걱정거리 대로, 기쁨은 기쁨대로, 감동은 감동대로, 고난은 고난대로 각기의 몸동작을 취하면서 발산해 내는 우리 삶의 춤 말입니다.

저는 실제로 음악을 틀어놓고 춤을 자주 춥니다. 아무도 보는 이 없는 혼자만의 무대이기에 춤사위는 자유롭고 흥겹습니다. 모차르트와 베토벤의 선율에 맞추어 추기도 하고, 트롯 가락에 내맡겨 추기도 합니다.

글쓰기는 필자가 문자와 추는 춤입니다. 이제 K 씨도 자신만의 춤판을 벌여보지 않으렵니까. 막춤도 추다 보면 자리를 잡아가겠지요. 이제 당신도 오늘의 글쓰기를 시작해 보십시오. 그리하여 오늘도 자라고 내일도 자라나 삶의 마지막이 오는 그 순간까지 '나는 아직도 자라고 있다'고 선언해 보십시오. 마지막으로 마광수 교수의 수필관을 인용하며 마무리하겠습니다.

'수필 쓰기란 '위선과의 싸움'에 다름 아니다. 우리는 수필을 통해 스스로의 학식을 자랑한다거나 도덕성을 위장하는 것을 끊임없이 경계해야 한다. 수필은 또한 나르시시즘과도 관계가 있다. 모든 글쓰기는 사실 명예욕과 관련된 것이지만, 그래도 수필은 가장 진솔한 '자기도취'인 것이다. 다시 말해서 남보라고 쓰는 글이 아니라 스스로 즐기기 위해서 쓰는 글이 수필이라는 말이다. 말하자면 성적 자위행위와 가장 유사한 글이 바로 수필이다.

일기가 수필의 영역에 들어갈 수 있는 것은 그 때문이다. 남보라고 벗는 스트립쇼는 수필이 아니다. 혼자서 벗으며 웃고 낄낄댈 수 있는 것이 수필인 것이다. 바로 여기에 수필의 이중성이 있다고도 할 수 있다. 혼자서 하는 배설 행위를 남보라고 활자화 하는 것이 바로 '수필의 발표 행위'이기 때문이다. 하지만 나는 이러한 이중성이 위선은 아니라고 생각한다. 당당한 노출은 차라리 상업주의적 외도를 내포하는 것이라 낫다. 요즘 세상에 상품화되지 않는 게 어디 있는가. 문학의 상품화를 겉으로 경멸하는 체 하면서 사실상 상품화를 그리워하는(다시 말해서 책이 많이 팔리고 읽히기를 기대하는) 심리야말로 진짜 위선이다.'

늘 당신의 글쓰기를 응원하겠습니다. 파이팅!

* 오늘의 제언: 걱정거리가 생기면 오늘의 글 판에서 한바탕 춤을 춰보자. 뭔가에 미치면 덤으로 찾아드는 게 있다. 활력이라는 것.

부록

문법(文法)이란 말과 글에 대한 규칙입니다. 즉 말을 바르게 하고 글을 바르게 쓰기 위한 규칙을 의미합니다. 글쓰기를 하기 위해선 이런 규칙을 바탕에 깔고 있어야 정확한 문장을 써나갈 수 있으니 아래 열거한 문법에 대한 최소한의 깨알 상식을 기억해두시기 바랍니다. 비문(문법에 어긋난 문장)을 최소화하기 위해서나 퇴고할 때 참고하면 좋을 듯하여 생각나는 대로 간추려 봤습니다. 여기에서 미처 다루지 못한 문장 이론은 글을 써나가며 다른 책자들을 통해 보충해 보기를 바랍니다.

1. 품사(品詞)에 대하여

명사(名詞): 사물의 이름을 나타내는 단어. 예) 부모, 친구, 배, 사과, 꽃.

대명사(代名詞): 사물의 이름을 대신하여 가리키는 단어.

예) 나, 너, 그것, 이것.

수사(數詞):수량이나 순서를 나타내는 단어. 예) 하나, 둘, 셋째, 넷째.

관형사(冠形詞): 체언 앞에 놓여 그 내용을 꾸며 주는 단어. 예) 헌 옷, 여러 사람.

부사(副詞): 용언 또는 다른 말 앞에 놓여 그 내용을 꾸며 주는 단어. 예) 몹시. 매우, 아주, 정말.

조사(助詞): 주로 체언에 붙어 그 말과 다른 말과의 문법적 관계를 표시하거나, 그 말의 뜻을 도와주는 단어. 예) 이, 의, 는, 을.

감탄사(感歎詞): 말하는 사람의 놀람이나 느낌, 부름, 대답 등을 나타내는 단어.

예) 어머나, 아이고. 아!

동사(動詞): 사람이나 사물의 움직임을 나타내는 단어. 예) 뛰다, 먹다, 차다, 걷다.

형용사(形容詞) :사람이나 사물의 상태나 성질을 나타내는 단어. 예) 더럽다, 아름답다, 귀엽다, 깨끗하다.

※접속사

앞의 단어와 뒤의 단어를 연결하거나, 앞 문장의 뜻을 뒤의 문장에 이어 주면서 그것을 꾸미는 부사. ~ 및, 혹은, 그러니,

그래서, 따라서 등.

(*글을 퇴고할 때, 일단 접속사, 부사, 형용사 등이 남발되지 않았는가를 살펴보자. 접속사 없이는 문장이 어색해질 때를 제외하곤 모든 접속사를 제거해 보자.)

2. 주어와 서술어의 호응에 대하여
　글을 읽다 보면 주어와 서술어의 호응이 안 돼 있어 어색한 느낌이 들 때가 있다. 초보자의 글에선 이런 사례가 빈번하니 아래의 예문을 참고해 보자.

　<u>저의 장점은 요리를 잘 한다고 생각합니다.</u>
　여기서 주어와 서술어만으로 읽어보면,
　저의 장점은~~생각합니다, 가 되므로 호응 되지 않기 때문에 <u>저의 장점은 요리를 잘 하는 것입니다.</u> 로 고쳐야 자연스러워진다. 문장이 어색하다고 느껴질 때는 주어와 서술어의 관계를 살펴보자.

　<u>이 빵의 유통기한은 내일까지 먹을 수 있다.</u>
　<u>이 빵의 유통기간은 내일까지다.</u>

성적이 하위권인 학생들은 보충수업을 시켜야 한다.
성적이 하위권인 학생들은 보충수업을 받아야 한다.

3. '때문'과 '탓'에 대하여

글을 읽다 보면 '때문'과 '탓'을 타성적으로 개념 없이 사용하는 경우를 만난다. 유명 작가의 글에서도 더러 보았다. 아래의 문장은 철학자 안병욱의 〈인생의 안식처〉라는 에세이에 나오는 대목이다.

… 눈이나 서리가 하얗게 내린 이른 겨울 아침, 검은 고무신으로 눈이나 서리를 밟으면 빠드득하는 소리가 참으로 듣기 좋았다. 지금 생각해도 즐거운 추억이다.
혼자 걷기를 좋아하는 것은 어렸을 때의 그러한 경험 '탓'인지도 모른다.

여기서 '탓'은 '때문'으로 해야 더 적절하지 않을까. 어린 시절의 아름답고 즐거운 추억을 상기하며, 잘못된 일이나 부정적 현상을 야기한 원인이나 까닭이란 의미의 '탓'을 쓴 것은 결정적 실수다. 문장 성격상 그 둘 중 어떤 것을 택해도 무리가 없는 경우가 있기는 하다. 가령 아래의 예문에선 어느 것을 사용하던지 무난하다.

폭설이 쏟아졌기 때문에 교통대란이 일어났다.
폭설이 쏟아진 탓에 교통대란이 일어났다.

'때문'은 뒤에 오는 일의 까닭이나 원인임을 나타내는 말이고 '탓'은 부정적 현상을 야기한 원인이나 까닭이기에 그렇다. 하지만 다음의 문장은 어떤가?

나는 여행을 매우 즐기는 탓에 집안에 기념품들이 많다.
영훈이는 친구가 많은 탓에 늘 즐겁게 산다.
이 문장들에선 '탓'의 자리에 '때문'이 들어가야 한다.
나는 여행을 매우 즐기기 때문에 집안에 기념품들이 많다.
영훈이는 친구가 많기 때문에 늘 즐겁게 산다.

4. 불필요한 조사와 조사의 운용에 대하여

조사가 굳이 필요하지 않은 문장에 조사를 쓰는 경우가 의외로 흔하다. 나 역시도 그런 적이 많았다. 이런 것이야말로 퇴고할 때 신경질적 관찰이 필요할 것 같다. 또한 '글 속에도 글 있고, 말속에도 말 있다'는 속담처럼 조사가 변화함에 따라 문장의 의미가 얼마나 미묘하게 달라지는지 아래 문장을 통해 살펴보자.

우리 교회에서는 전쟁 반대 천만인 서명운동을 전개를 하고 있다.
우리 교회에서는 전쟁 반대 천만인 서명운동을 전개하고 있다.

민혜는 글을 잘 쓴다. --단순히 글을 잘 쓴다는 느낌.
민혜는 글은 잘 쓴다. --다른 재주는 없어도 글 하나는 잘 쓴다는 느낌.
민혜는 글도 잘 쓴다. --다른 것도 잘 하지만 글도 잘 쓴다는 느낌.

5. 겹말에 대하여

같은 뜻의 말이 겹쳐서 된 말을 겹말이라고 한다. 다반사로 사용하여 '역전 앞'처럼 굳어진 말도 많지만 지양하는 것이 좋다. 다음 문장을 보자.

거리에 플라타너스 낙엽이 떨어지고 있다.

<u>거리에 플라타너스 잎이 지고 있다.</u>

 낙엽(落葉)은 한자어로 떨어진 나뭇잎을 뜻한다. 단어 자체에 떨어진다는 것을 포함하고 있으므로 '낙엽이 떨어진다'고 하면 '떨어진 나뭇잎이 떨어진다'는 말이 된다.

6. 수미상관(首尾相關)에 대하여
 수미상관은 머리와 꼬리, 처음과 끝이 서로 이어 통하는 것을 뜻한다.
 자기 글을 쓸 때는 물론, 남의 글을 읽을 때 필자가 글을 수미상관으로 썼는지 살펴보는 일도 글쓰기에 도움이 된다.

7. 같은 단어의 중복 사용에 대하여
 글을 쓰다 보면 똑같은 단어가 계속 나오는 경우가 있다. 어느 정도는 허용되지만 같은 단어가 빈번하면 필자의 어휘력이 부족하거나 동어반복으로 인해 문장의 신선함이 떨어질 우려가 있다. 그럴 때는 우선 같은 단어에 밑줄을 그어보자. 그래야 줄일 수 있는 것을 제거할 수 있고 다른 대안을 찾을 수 있게 된다.

아래의 예문은 최근 필자가 쓴 〈행복한 사과〉의 일부인데, 나는 이 글을 퇴고하며 '사과'라는 단어에 밑줄을 그어 놓았다. 같은 단어가 이 정도로 반복되는 건 봐줄 만하다 싶으면서도 앞으로 시간을 두고 고쳐볼 생각이다. 일단 중간 부분에 나오는 '다른 사과를 골랐다'를 '다른 걸로 골랐다'로 수정하면 사과 하나가 줄어든다.

'어제 사 온 사과는 마음에 들지 않았다. 청과상엔 찾는 사과가 별로 없고 거의가 매끈한 것들 뿐이었다. 사과를 사는 일도 그날의 일진(日辰)이 있기에 아무리 선별을 잘 하려 해도 없는 것을 있게 할 수는 없는 일이다.

오늘도 아침에 눈을 뜬 뒤 물 한 모금 마시고 나서 사과 하나를 꺼냈다. 모양은 동글동글, 피부는 매끈매끈, 빛깔은 흐리멍덩하게 붉었다. 세척한 뒤 쪼개어 한 입 베어 먹었더니 내가 원하던 맛이 아니어서 **다른 '사과'를 골랐다.** 하루를 시작하는 사과의 맛이란 그날의 첫 단추나 다름없다. 두 번째 것의 모양새는 옆으로 퍼지고 거죽은 거친 데다 한쪽으로 찌그러져 있었으며 누런색의 얼룩과 주근깨 같은 반점이 있었다. 푹 퍼지고 잡티 얼룩진 몰골이 고생한 티가 역력했다. 그러나 그걸 와삭 깨무는 순간 쾌감이 쾌속으로 입안에 번져왔고 나도 모르게 만족의 미소가 입가에 흘렀다.'

8. 글쓰기의 어려움에 대해서

글쓰기를 잘 하기 위해 연마해야 하는 것은 한 둘이 아니지만 〈연암 박지원의 말꽃모음〉에서 인용한 다음 내용을 보며 마음 자세를 갖춰보자.

<u>글 쓰는 이에겐 네 가지의 어려움이 있다고 한다. 근본이 되는 학문을 갖추기 어렵고, 공정하고 밝은 안목을 갖추기 어렵고, 자료를 아우르는 역량을 갖추기 어렵고, 정확한 판단을 갖추기 어렵다. 재주, 학문, 식견 이 세 가지 중 하나만 없어도 제대로 된 글을 쓸 수 없다고 말하는 이유이다.</u>

9. 수기(手記)와 수필(隨筆)에 대하여

수기와 수필은 소설 같은 픽션의 형식이 아닌 논픽션이란 점에서는 동일하나 일반적으로 수기는 자신의 경험을 진솔하게 적어간 글이라 한다면 수필은 작가의 체험을 통해 발견한 삶의 느낌에 작가의 사색을 곁들여 새로운 의미를 부여한 글이라고 할 수 있다. 비교적 짧은 매수의 산문에 속하며 주제의식이 담긴 글이라야 문학성을 살릴 수 있다.

좋은 글을 쓰기 위해서는 장르의 우열과 수기와 수필의 난이도를 셈한다는 게 애매한 일이나 수필은 문학성이 있어야 하므로 수필이 일반적으로 어렵다고 볼 수 있겠다. 가령 어느 작가가 자신의 오랜 병상 생활을 진솔히 기록했다면 '병상 수기'가 될 수 있겠지만, 단순한 병상 기록을 넘어 자신의 체험에 사색을 넣어가며 문학적 기량으로 승화시켰다면 이는 수필 문학적인 조건을 갖춘 글이 될 수 있겠다.

  수필은 자신의 경험이나 느낌 따위를 일정한 형식에 얽매이지 않고 자유롭게 기술한 산문이라 일기나 서간문, 칼럼이나 서평 등의 다양한 방법으로 쓸 수 있지만 글의 성격에 따라 크게 다음과 같이 나눌 수 있다.

  서정수필: 서정적이고 감성적인 분위기로 써 내린 수필.

  서사수필: 주제가 강하고 논리적이며 이성적이다. 소논문 형식을 띠어 논설

  시론, 평론 등이 여기에 속한다.

10. 생활수필에 대하여

  흔히 수필 전문지나 문예지 등을 통해 발표되는 수필을 '문예수필'이라 하는데, 언젠가부터 '생활수필'이라는 이름으로 일상에서 겪은 개인적 경험이나 감동적 에피소드 등을 다룬 글이 대중의 관심을 끌고 있다. 월간〈샘터〉나〈좋은 생각〉등의 잡지에 실리는 글들을 일반적으로 생활수필이라고 한다.

이런 글은 글쓰기의 대중화에 불을 지펴 누구나 쓸 수 있고 읽는 부담도 적어 소시민의 생활 문학으로 자리 잡아가고 있다.

근래에 나는 소확행 라이프 매거진 모 월간지로부터 '나이'와 관련된 생활수필 원고 청탁을 받은 적이 있었다. 그 잡지사에 보낸 글을 이 자리에 소개하려 한다. 읽어보면 그동안 내가 써왔던 수필과 생활수필의 차이점이 두드러지지 않는다는 걸 알 수 있을 것이다. 한데 잡지사 편집장은 이메일로 보내온 원고 청탁서에 다음과 같은 내용을 덧붙였다. 그 내용을 보면 생활수필에서 원하는 게 어떤 글인지 가늠할 수 있을 것 같다. 특별히 정치, 종교 부분엔 밑줄까지 그어 강조했다.

'…… <u>특정 정치 성향, 종교적 편애가 드러나는 글만 피해주시고</u>, 아울러 주제어에 대한 해석, 논평에 치우치기보다는 글 자체에서 개인이 느낀 삶의 교훈과 재미, 지혜와 감동이 전해질 수 있다면 더 좋겠습니다.'

나이와 얼굴

　사람의 외모가 나이와 반드시 비례하는 건 아니다. 같은 연배라도 심한 경우엔 본 나이보다 열 살가량이 오르락내리락하기도 한다. 게다가 요즘은 성형이 대세가 되다 보니 여성의 경우엔 추정이 애매한 경우까지 있었다.

　나는 부모님의 좋은 체질을 물려받은 덕으로 비교적 동안에 속해 실제보다 밑돌게 봐주는 이들이 많았다. 나이를 얹어주는 것보다야 한결 유쾌하고 살맛나는 일이긴 했다. 하지만 호사다마. 기쁜 일엔 그로 인한 그늘도 따르게 마련이다. 특히 동성들끼리는 민감한 문제가 되기도 해 상대적으로 노안 취급을 당한 측의 심기를 건드리지 않도록 신경 써야 한다. 그가 같은 연배거나 자주 어울리는 사이라면 더욱 그렇다. 누군가 눈치 없이 두 사람을 비교하며 젊어 보이는 측을 치켜 주었다가는 자칫 둘의 관계가 삐걱거릴 수도 있게 된다. 이럴 땐 이성(理性)도 무력해져 노안의 여성은 동안의 여성에게 상대적 박탈감을 느낀 나머지 괜한 불편함마저 품게도 된다. 나도 이런 타깃이 됐던 적이 더러 있었지만 내 친구 J만에게만은 예외였다.

　절친인 J는 나와 동갑이며 초등학교부터 중 · 고등 과정까지 같은 학교를 다녔다. 우리 둘의 생년은 같지만 생월은 J가 나보다 3개월 늦다. 중고교 6년을 찰싹 붙어 다닌 데다 훗날 내가 그의 병원에서 일을 한 적이 있어 어느 친구보다도 오랜 세월을 함께 한 셈이다. 그래선지 사람들은 우리가 닮았다는 말을 자주 해오곤 했다. 체격으로나 얼굴로나 서로 닮은 데가 하나도 없는데 어딜 가면 보는 이들마다 곧잘 "두 분이 자매세요?"라고 물었다. 처음엔 아니라고 하다가 같은 질문을 하도 많이 받다 보니 나중엔 맞는다고 짧게 대답했다. 그러면 상대방은 친구를 향해 으레 "언니 되시죠?" 한다. 예외 없이 그런 일이 생기다 보니 나는 친구 보기가 민망하기도 했다. 그렇다고 친구라고 했다가는 뒷말이 이어졌다. "어쩜, 얼굴도 비슷하고 꼭 자매지간 같은데…."라면서 우리를 보고 또 보는 것이다.

 이런 일도 있었다. 하루는 J와 함께 택시를 타게 되었는데 기사가 뒤를 흘끔 보며 물었다.

 "두 분, 쌍둥이시죠?"

 언니 동생 사이가 이번엔 동갑내기 쌍둥이로 승격했다. 모처럼의 반가움에 내 음성이 반 옥타브쯤 튀었다.

 "맞아요, 그런데 앞만 보고 계신 분이 그걸 어떻게 아세요?"

 기사님은 우쭐하며 대답했다.

 "제가 한 눈썰미 합니다. 근데, 왼편(친구) 분이 언니 맞지요?"

 우리는 좁은 택시 안에서 서로를 바라보며 구를 듯이 웃었다.

 J에게 멋쩍었던 건 그것만이 아니다. 중학교 시절, 필동 사는 친구의 큰 언니 댁을 방문한 적이 있었다. 친구는 형제 많은 집안

의 막내고, 큰 언니는 8남매의 맏이며 우리 엄마와 동갑이었다. 그러니까 큰 언니가 내 엄마뻘로 보일 거라고 지레 추측은 했다.

언니 댁에 도착한 뒤 우리는 너른 정원을 거쳐 응접실로 들어갔다. 응접실 저편에서 학 같은 자태의 호리호리한 노인이 하얀 모시 한복 차림으로 나오는 게 보였다. 헤어스타일도 쪽진머리에 가까웠다. 나는 교복 매무새를 고치며 친구에게 귀엣말로 저 분이 너희 언니 시어머님이시냐고 물었다. 순간 친구가 깔깔대며 웃었다. 그러면서 그 노인에게 하는 말.

"언니야, 얘가 지금 나한테 언니가 시어머님이냐고 물었어."

나는 당혹스러워 어쩔 줄을 몰랐으나 아무리 봐도 내 눈엔 언니라기보다 시어머님으로 보이는 거였다. 그분에게서 풍기던 아우라 때문이었을까. 어딘가 범접할 수 없는 카리스마, 머리에서 발끝까지 흐르는 서늘한 위엄. 어린 눈에는 그것이 나이가 주는 무게라고 여겼던 모양이다.

J는 원래 머리가 좋아 판단력도 빠르고 현실을 직시하는 혜안도 남달랐다. 중학시절부터 어려운 철학서를 끼고 다녔으며 나와 어울릴 땐 늘 자기가 윗길인양 노인 행세를 자청했다. 내 행동을 두고 '소싯적엔 다 그러느니라.' 하며 애늙은이 같은 말도 곧잘 하여 나보다 석 달 후생(後生)인 친구를 '할머니'라 부른 적도 많았다. 그랬기에 언제나 언니 취급을 받아왔어도 무감각할 것이라 여겼다. 나는 그런 일이 있을 때마다 다소 미안하긴 했지만 그건

어디까지나 친구에 대한 배려였을 뿐 나보다 한 수 위인 J에게 나이가 좀 더 들어 보이는 것쯤이야 무슨 대수랴 싶었던 거다.

그러던 어느 날이다. 병원 진료가 끝나갈 즈음 J가 여의사들 모임에 간다면서 자기 옷차림에 대한 의향을 물었다. 내 눈엔 자색 투피스 차림이 별로 마음에 들지 않았다. 칙칙한 색상도 마뜩잖았지만 그보다 더 문제는 디자인이 나이 들어 보인다는 점이었다. 간호사들은 서로 눈빛을 교환하다가 마지못해 괜찮다고 한마디 하고, 속내를 못 감추는 나만 소신 발언을 했다.

"안 괜찮다."

친구가 심드렁히 말했다.

"실은 나도 안 괜찮아. 아침에 서두르느라고 옷 찾을 시간이 없었어. 근데, 이 옷 나이 들어 보이지?"

나는 1초쯤 망설이다가 그건 아니라고 말꼬리를 돌렸다. 직언파인 내가 막판엔 큰(?) 선심을 쓴 것이다. 친구는 입가에 미소를 띠우더니 고맙다면서 묘한 눈길로 나를 바라보았다.

그 몇 달 뒤 둘이서 점심을 먹다가 지난번 일이 떠올라 J에게 물었다.

"너도 젊어 보이는 걸 좋아하니?"

친구는 눈을 살짝 흘기며 그건 당연한 거 아니냐고 지청구를 주었다. 등잔 밑이 어둡다지만 할머니를 즐겨 자처했던 J의 입에서 저런 말이 나올 줄이야! 나는 허방을 짚어도 된통 짚은 셈이었다.

이후로 알게 되었다. 성인이라면, 특히나 중년을 넘긴 이들이라면, 그 누구를 막론하고 나이보다 어려 보이길 원한다는걸. 이런 내막도 모르고 처음 사귀는 사람들은 내게 간혹 자기 나이를 맞춰보라고 한다. 상대가 노안이면 나는 쇠기름이라도 떼어내듯이 몇 살은 덥석 덜어내 주며 그를 향해 싱긋 웃는다.